Autopsie de plusieurs vies

JANO BERGERON

Autopsie de plusieurs vies

TÉMOIGNAGE D'UNE SURVIVANTE

Une société de Québecor Média

LES ÉDITIONS LA SEMAINE
Charron Éditeur inc.
Une société de Québecor Média
1055, boul. René-Lévesque Est, bureau 205
Montréal (Québec) H2L 4S5
www.editions-lasemaine.com

Directrice des éditions : Annie Tonneau
Directrice artistique et couverture : Lyne Préfontaine
Coordonnateur des éditions : Jean-François Gosselin

Correction : Pierre Richard, Marie Théorêt, Audrey Faille
Photos de l'auteure : collection personnelle
Infographie : Echo international

Les propos contenus dans ce livre ne réflètent pas nécessairement l'opinion de l'éditeur.

L'éditeur bénéficie du soutien de la Société de développement des entreprises culturelles du Québec (SODEC) pour son programme d'édition.

Nous reconnaissons l'aide financière du gouvernement du Canada par l'entremise du Fonds du livre du Canada pour nos activités d'édition.

REMERCIEMENTS
Gouvernement du Québec (Québec) — Programme de crédit d'impôt pour l'édition de livres — Gestion SODEC

© Charron Éditeur inc.
Dépôt légal : troisième trimestre 2015
Bibliothèque et Archives nationales du Québec
Bibliothèque et Archives Canada

ISBN : 978-2-89703-309-5

« *Il est temps que tu deviennes ton propre parent.* »
Gabriel

Ce livre est un aveu. Un aveu que je dédie à ma famille.

J'ai choisi de ne nommer personne dans ce récit. Ils m'ont protégée comme je me dois de protéger leur intimité. Mon choix d'être publique a ses conséquences sur mon entourage. Ma famille et mes amis n'ont pas fait ce choix et je le respecte.

Je suis chanceuse de pouvoir compter sur eux. Mon père, ma mère, mes trois frères et leurs épouses et bien sûr, mon fils, mon ange gardien. Sans eux, je ne serais plus là pour raconter cette histoire. Et pour continuer à garder courage et amour de la vie.

Je vous aime plus que tout.

Jano

Préface
de Guylda Lavoie, psychologue

Enfant, on me demandait: *Qu'est-ce que tu veux être lorsque tu seras grande?* Je répondais spontanément et avec conviction: *Moi, je veux être quelqu'un!*

Avec l'habituel sourire complaisant que les adultes réservent à l'enfant qui a mal compris la question, on me rétorquait: *Bien sûr, bien sûr, tout le monde veut être quelqu'un... Dis-moi plutôt, tu n'aimerais pas être une garde-malade, une maîtresse d'école ou bien encore une secrétaire?* (Les choix de prédilection de l'époque pour une petite fille de cinq ou six ans...)

Non, non, je répondais vigoureusement, *pas ça! Je veux être quelqu'un, moi!* Cela ne manquait pas de faire sourire, je dirais même qu'habituellement, cela créait, chez ces adultes bienséants, un certain malaise. Lorsque l'un d'entre eux insistait: *Bien, c'est quoi pour toi être quelqu'un?* Je m'empressais de répondre: *Je ne le sais pas... Mais dès que j'aurai trouvé, je vous le dirai.*

Je ne sais pas trop pourquoi, mais généralement, il n'y avait pas d'autres questions et j'étais libre de retourner à mes occupations de petite fille.

J'ai grandi avec ces interrogations en tête: C'est comment *être quelqu'un?* Cela se définit de quelle façon? Cela ressemble à quoi *quelqu'un?* Mes choix de vie ont été

9

orientés, pour ne pas dire hantés, par ces questionnements et m'ont amenée à côtoyer une multitude de gens de différents milieux, de cultures multiples, de métiers et de professions variés. Des gens exceptionnels, des rustres, des réfléchis et des étourdis. Des gens d'une sagacité hors pair, et certains d'une naïveté tout aussi rare! Autant parmi les fortunés que les paumés, j'ai rencontré des êtres intéressants et raffinés, d'autres d'un ennui mortel... toutes catégories confondues!

Et toujours, j'ai cherché à définir la fibre d'exception qui fait d'un individu *quelqu'un*.

À la manière de Jean Gabin dans son immortelle ballade : *Je sais, je sais...* j'ai défini et affublé *quelqu'un* au rythme de mes observations, de mon vécu et de la maturité qui était mienne à différentes époques. J'ai souvent crié triomphalement : *Je le sais maintenant !* Et quelque temps plus tard, avec autant de conviction et de certitude, je redéfinissais à nouveau ce *quelqu'un* avec un ou des éléments non retenus dans mes équations précédentes, et, cette fois, *j'étais certaine* que cela y était... *Je sais enfin que je sais...* pour me rendre compte finalement que *je n'en sais pas grand-chose !*

Cette quête de longue haleine pour cerner et définir ce qui constitue *quelqu'un* m'a toutefois permis de retenir certains ingrédients de base qui non seulement ne se démodent pas, mais perdurent et triomphent. J'ai surtout compris que c'est dans l'adversité que la fibre d'exception se fait prépondérante.

Cela n'a rien à voir avec un compte en banque bien ou peu garni, ni avec un intellect savant ou démuni, pas plus qu'avec la notoriété ou l'anonymat d'un individu. Il importe peu que la personnalité soit fluide ou caractérielle, douce ou intempestive; c'est le coup de poing marteau d'un malappris sans vergogne nommé Destin, Improviste ou Hasard qui sonne le glas ou la naissance de *quelqu'un*.

J'en connais peu qui ne se sont pas écroulés, du moins pendant un certain temps, sous la lourdeur du *pourquoi moi???* Ou du *qu'est-ce que j'ai bien pu faire au bon Dieu pour connaître un si désastreux revirement, des souffrances aussi atroces?* Eh oui, l'adversité naît dans la boue, dans la bouette, dans des merdiers inimaginables là où, tout juste à côté, *être quelqu'un* nous propose un premier rendez-vous galant. Méchant coup de foudre!

C'est quand l'humain est rendu au bord du précipice que les changements sont notoires. C'est là que la fibre prend racine ou meurt. Dans ma lunette de chercheur de ce qu'est un humain, de ce qu'il devient, de tout ce qu'il peut être, Jano Bergeron n'a pas raté ce rendez-vous avec *être quelqu'un*! Elle en personnifie l'essence.

Vous vous apprêtez à lire une histoire, son histoire, racontée dans ses mots, avec une simplicité désarmante et attachante.

Dans un film paru vers l'an 2000, *As good as it gets*, avec Jack Nicholson et Helene Hunt, il y a une séquence où l'héroïne, exacerbée par le sale caractère de Nicholson, exige qu'il lui dise quelque chose de gentil, juste une fois, simplement dire une gentillesse sans attente d'un retour quelconque. Il réfléchit un moment et lui répond à peu près dans ces mots: *Te côtoyer, cela me donne le goût d'être meilleur...*

Dans la même foulée, ce récit donne le goût d'être meilleur... Pas parfait, pas irréprochable, pas une référence, non, simplement le goût d'être *plus meilleur* qu'auparavant. Serait-ce là la fibre maîtresse de ce qui constitue *être quelqu'un*?

PREMIÈRE URGENCE

1

Août 2003

J'ai mal. Je tiens à deux mains la boule qui me sort du ventre. On dirait que je vais accoucher d'un alien. Je dois me rendre aux toilettes aux cinq minutes et je saigne... Des intestins et du vagin. Je me tiens à peine debout. Je dois m'appuyer contre les murs. La douleur est insupportable, mais je dois tenir le coup. J'ai un avion à prendre...

* * *

Quelques jours auparavant, je me suis tapé une nuit à l'urgence d'un hôpital de la Floride. Car c'est là où je me trouve. En Floride. J'y ai suivi mon conjoint qui a trouvé du travail là-bas et, quant à moi, je chantais ici et là. Sauf que depuis les dernières semaines, la souffrance était tellement grande que je n'arrivais plus à terminer mes spectacles. Un soir, à bout de forces et terrassée par une crampe atroce, la boule dans le ventre qui palpitait et enflait, je me suis effondrée. Si j'avais poussé une note de plus, le nœud d'intestins aurait éclaté. Or, une nuit à l'urgence d'un hôpital américain, ça ne coûte rien de moins que cinq mille dollars. On me dira à la suite des examens que je devais absolument être opérée. Il y avait des fibromes partout dans mon utérus et mes intestins étaient dans un état terrible. On ne pouvait pas attendre. Ça urgeait. *Tu es québécoise, va te faire soigner chez toi…*

* * *

Voilà. Je devais partir. C'était un coup dur, j'étais dévastée et pourtant, paradoxalement, j'étais soulagée. C'est que depuis mon arrivée en Floride, je vivais dans la terreur. Je découvrais peu à peu la double vie de l'homme qui partageait mon existence depuis huit ans; ce que j'apprenais et ce que je voyais me donnait une trouille terrible. Quand on s'aperçoit, après tant d'années auprès de quelqu'un, qu'on est loin d'avoir affaire à un ange, c'est une peur violente qui s'installe. *Jusqu'où peut-il aller?* J'apprendrai plus tard d'une psychologue spécialisée en violence conjugale que j'avais affaire à un « pervers narcissique ». Méchant moineau! Et cet homme refusait de revenir au Québec pour moi. En fait, il refusait même que je parte. Il refusait, car il était dans de beaux draps et savait qu'il aurait à affronter la justice canadienne si je parlais. Il refusait parce qu'il était en colère contre moi, et que si je partais, si je le quittais, *lui,* je le mettrais dans une situation délicate, car il savait très bien qu'au point où j'en étais, en rentrant au pays, je le dénoncerais. Il refusait aussi de me laisser partir parce qu'il craignait qu'on m'utilise pour lui mettre le grappin dessus! En fin de compte, il refusait car il n'avait pas peur pour moi, il avait peur pour *lui.*

J'étais seule au monde. Seule et terrifiée, avec cette douleur et une boule qui poussait à vue d'œil dans mon abdomen.

Loin de ma famille et de tous mes amis. Mon fils était chez son père et je ne l'avais pas vu depuis deux ans. J'étais déracinée. J'étais prisonnière au centre d'un cercle infernal dont j'étais incapable de me sortir. Je n'avais plus un sou, je devais compter ma monnaie pour m'assurer d'avoir un peu d'argent de poche. Et j'avais peur pour ma peau. Littéralement. *Jusqu'où peut-il aller?* Ma vie était un véritable chaos, avec lui j'avais tout perdu. Mon argent, mon crédit, ma réputation, mon intégrité, mon estime de soi. Il ne me restait que mes vêtements et mes feuilles de musique qu'il prendra et brûlera. Près de vingt-cinq ans de métier dans ces partitions qui partent en fumée... Je vivais avec un monstre...

Jusqu'à la nuit à l'urgence, je n'ai rien dit, j'ai caché ma douleur et tenté de me protéger du mieux que je le pouvais. Je l'avais suivi là-bas, histoire de donner une chance à notre couple qui battait déjà de l'aile depuis longtemps. Je n'ai fait que m'enfoncer encore plus. Quand le mal est arrivé, et que de l'ignorer comme auparavant n'était plus possible, la décision que je ne prenais pas s'est imposée d'elle-même. *Tu pars ou tu crèves. Si tu restes, d'une manière ou d'une autre, tu vas y laisser ta peau.*

* * *

J'ai peur pour ma peau, il faut partir. Le plus vite possible. Il faut agir avant que ça tourne trop mal. Et avec lui, faut toujours s'attendre à quelque chose qui nous saute en plein visage. Je vis avec un monstre armé d'une grenade... J'ai mal au ventre. Et je ne sais plus si c'est la terreur qui m'habite ou mon corps qui souffre tellement j'ai la frousse. On dit que le stress peut rendre malade. À ce moment-là,

17

je me dis que je suis en train de me rendre malade. Je me sens responsable et lâche, car j'ai refusé de voir les signes. Autant dans mon corps que dans mon couple. J'ai fait l'autruche et je suis loin d'être fière de moi...

* * *

Après la nuit à l'urgence et la décision de partir, il s'est passé trois jours. J'ai appelé mes parents qui se trouvaient au fin fond d'un champ de bleuets au Lac-Saint-Jean. Ils y campaient pour toute la période de la cueillette. Ils ne savaient rien de ce qui se passait chez moi. Ils ne savaient pas que je vivais et dormais avec l'ennemi. Ils ne savaient pas que je souffrais le martyre dans mon corps. Ils ne savaient rien... Leur cellulaire ne captait presque pas les ondes et on ne les appelait qu'en cas d'urgence. Alors mon appel arriva comme une urgence.

— Maman, papa, j'ai besoin de vous...

— Quoi? Jano? Parle plus fort, le signal est mauvais.

— J'AI BESOIN DE VOUS!

— Mon Dieu, Jano! Qu'est-ce qui se passe?

— Je suis gravement malade. Et je quitte mon mari. Je ne sais pas où aller. Je dois être soignée au plus vite et je dois sortir de cette maison le plus rapidement possible. Je suis en danger.

Silence à l'autre bout du fil. J'entendais ma mère pleurer. Mon père prit le téléphone.

— Jano? On ne peut pas te parler sur ce téléphone, ça coupe tout le temps. Écoute, combien de temps as-tu besoin?

— Je peux avoir un billet d'avion pour quitter les lieux dans trois jours.

Ma mère s'est ressaisie et a voulu reprendre l'appareil.

— Bon, je le sentais, ma fille. Je le sentais… (Sanglots) Nous rentrons immédiatement des bleuets et on se contacte de la maison pour arranger les choses. Je vais tout de suite appeler notre médecin pour qu'il te voie dès que tu arrives.

— J'ignore pour combien de temps, maman… Je suis dans la merde et sans vous je ne m'en sortirai pas.

— Oublie le temps. Tu es notre fille pour toujours. Nous allons t'aider. Occupe-toi de rentrer saine et sauve et surtout NE LE LAISSE PAS TE RECONDUIRE À L'AÉROPORT ! J'ai fait un mauvais rêve cette nuit. Il provoquait un accident suicide.

— J'ai fait le même rêve, maman. Non, je vais trouver quelqu'un ou même un taxi s'il le faut, mais non, je n'embarque plus en voiture avec lui. Je ne dormirai pas seule avec lui non plus. J'ai un ami en vacances. Je vais lui demander. Il sait que ça ne tourne pas rond. Je vais m'organiser avec lui.

— Nous serons là pour t'accueillir…

Voilà. D'un simple coup de fil, mes parents venaient de sceller leur destin au mien.

* * *

Les trois jours précédant mon départ furent un vrai calvaire et la guerre de nerfs la plus intense que j'ai pu vivre dans ma vie déjà assez mouvementée. Je devais user de stratégie pour me protéger physiquement. Il l'ignorait, mais je dormais avec un couteau. Le jour, je me préparais tandis qu'il allait travailler. Cependant, c'est loin d'être un répit. Car il apparaissait à la maison à toutes sortes d'heures et tentait de m'amadouer pour faire l'amour, en me promettant de changer. Comme je ne bronchais pas, il piquait des colères et proférait des menaces. La veille de mon départ, j'ai pété les plombs lorsqu'il a tenté de me toucher et menacé de se suicider si je refusais. Bourrée d'adrénaline, je lui ai sauté à la gorge pour me défendre.

* * *

Le matin crucial enfin arrivé, mon ami est venu me chercher. Je partais avec trois valises. C'est tout ce qu'il me restait. Mon linge, mon corps amoché et... ma dignité que je refusais de perdre. Moi qui pensais que mes nerfs seraient enfin au repos après avoir quitté la maison, je me fourrais un doigt dans l'œil jusqu'au coude ! Je n'étais pas encore dans l'avion. Tant que l'avion ne serait pas dans les airs, je demeurais encore atteignable. Et je SAVAIS qu'il n'était pas au bout de ses ressources, car j'avais tout vu de sa part. Du moins, ce que j'avais vu me suffisait. Le vol, le mensonge, la fraude, le jeu, la violence physique et psychologique, les gros bras qui le cherchent pour lui casser les deux jambes...ou pire.

Donc, j'étais à l'aéroport et j'attendais de passer la douane.

Calme tes nerfs, la mère. Tu vas bientôt quitter ce foutu pays dans lequel tu n'aurais jamais dû entrer ! Si je m'étais écoutée au départ, j'aurais suivi mon intuition et je l'aurais quitté à ce moment-là... Mais l'heure n'est pas aux regrets. Surtout lorsque j'entends : Bip... Bip... Bip... Nooooon! Merde ! Je ne passe pas la douane... La fouille maintenant ! On trouve un petit outil de métal dans mon sac à maquillage. Un outil pour travailler le bois. Mais qu'est-ce que ça fait dans mon sac ? Je tente d'expliquer que je ne n'ai pas mis cet outil dans mon étui de maquillage. Je tremble comme une feuille, je sue de souffrance, on semble interpréter ces signes comme louches. Fouille à nu maintenant ! Je pleure de désespoir. Y a du sang dans mes sous-vêtements. Je leur dis que je suis malade et que je retourne au Québec pour être soignée. Je leur dis que je suis convaincue que mon mari a mis l'outil là par exprès. On me demande son nom. On fait des appels pour avertir la police à son sujet. Comme c'est grâce à mon permis de travail qu'il peut séjourner en Floride et que je quitte le pays, il est désormais en situation illégale.

On me laisse finalement prendre mon avion. Je m'écrase dans le siège et je prie pour que rien d'autre n'arrive. Mais je n'y crois pas. Je suis à peine surprise lorsqu'on nous dit que l'avion va s'envoler avec un peu de retard. Shit !!! Quoi encore ? Les nerfs... Je vois soudain par le hublot tous les bagages embarqués retourner d'où ils viennent. Les nerfs... Puis, ça entre dans l'avion pour fouiller tous nos sacs. On nous dit : simple procédure. Je capote. Je me poigne la tête à deux mains, je veux courir aux toilettes, car mon ventre le réclame. On m'oblige à rester dans mon siège. Je vous épargne les détails suivants. Un ventre malade n'attend pas pour les toilettes. Peu importe la raison.

Au bout de quatre heures de ce manège, on finit par nous dire qu'il y a eu une alerte à la bombe qui s'est avérée être un canular. Oh Seigneur ! J'ai l'impression d'être dans un film de James Bond ! Pour moi, c'était clair que je connaissais le responsable. Pas de preuves, mais capable de ça, garanti ! Je l'ai dit aux derniers agents qui quittaient l'avion. Je leur ai parlé aussi de la fouille et de mes soupçons. Je leur ai dit qu'on a supposément joint les autorités *à son sujet. Parfait, madame. Merci beaucoup de votre franchise.*

Décollage enfin! Quand vient le temps de me rendre aux toilettes, l'agent de bord me regarde avec des yeux remplis d'horreur.

— Mais... vous saignez? Vos pantalons sont souillés. Attendez, vous êtes très fiévreuse. Venez prendre place à l'arrière pour vous coucher. Voilà des Tylenol. Si au moins la fièvre peut baisser, vous serez chez vous dans quelques heures. Vous n'avez pas de linge de rechange? Laissez-moi vous aider.

Le gars est revenu avec un jean et un T-shirt et me les a offerts:

— Voilà, madame. Ce sont les miens, mais comme je ne suis pas bien gros, ça devrait faire l'affaire. Vous pourrez les garder. J'en ai d'autres dans mon bagage.

* * *

Quand je quitté l'avion, j'ai remercié l'agent d'avoir pris soin de moi. Il m'a répondu:

— Ce n'est rien madame! C'est mon travail.

Puis en chuchotant presque, il avoua m'avoir reconnue... Et moi, je lui ai donné un bisou sur la joue et je lui ai répondu que je ne l'oublierais jamais...

2

À mon arrivée au Lac-Saint-Jean, je suis tout de suite prise en charge par l'hôpital de Roberval. Mes parents avaient préparé le chemin en prenant tous les rendez-vous avec les médecins. Inutile de dire à quel point ma nervosité a baissé d'un cran. Oh… N'imaginez-pas que je croyais être en vacances. Loin de là ! Quitter la mer, les palmiers, les tornades effrayantes et dévastatrices pour affronter un tsunami qui frappait ma vie entière était un autre genre de lutte contre les éléments. Une bagarre pour ma protection, et ma survie physique et émotionnelle. Ramasser tous les morceaux et les petits éclats de la femme brisée que j'étais devenue allait exiger un travail épineux.

Or, même si tout était à faire en même temps, il fallait commencer par le plus urgent et dans mon cas, c'était de soigner le supplice que m'imposait mon ventre en miettes. Après, j'allais devoir m'occuper de mon âme meurtrie. Il y avait ensuite les affaires légales, les changements d'adresse, les procédures de divorce, etc.

L'opération a eu lieu quelques jours à peine après mon installation chez mes parents. Je n'ai pas eu peur. Cette souffrance m'effrayait bien moins que celle qui a précédé la « coupure ». La chirurgie s'est bien passée selon les médecins. Opération ardue et délicate, mais que j'ai bien supportée. Utérus, ovaires, appendice, un bout d'intestin, un polype de sept centimètres avec des cellules cancéreuses ont été extirpés de mon corps. Cellules localisées, pas de chimio. C'était réglé. Aucune complication ne semblait vouloir se présenter. Pour éviter la ménopause forcée que l'ablation de mes organes allait causer, j'ai entrepris une hormonothérapie. J'avais assez de problèmes à régler en plus de ma convalescence, mais il semble que je devais aussi me taper une ménopause avant l'heure !

Comme il fallait s'y attendre, à ma sortie de l'hôpital, une quinzaine de jours plus tard, j'étais en plein état d'urgence et ma convalescence qui débutait n'en était pas vraiment une. Tout se bousculait et il m'était difficile de trouver la priorité. D'abord la réalité de ma situation financière. Plus un sou un poche, plus de fonds de pension, pas droit au chômage.

Que me restait-il ?

L'aide sociale.

Je me vois encore dans le bureau de l'intervenant au bras de ma mère à tenter de me cacher sous le bureau, car on m'avait reconnue. Le regard des gens peut parfois être très difficile à supporter dans une telle situation. C'est comme si on n'avait pas le droit d'être à bout de ressources quand on est une personnalité publique. De plus, dans l'état mental où je me trouvais, ce regard m'effarouchait, me tourmentait.

Je suis devenue paranoïaque. Je me suis mise à faire des cauchemars angoissants. Sur la rue, je me retournais à tout bout de champ, j'avais l'impression de voir mon ex-conjoint partout.

Ma convalescence était difficile parce que j'étais tourmentée suffisamment pour inquiéter mon entourage. Et plus le moral me lâchait, plus le corps éprouvait des difficultés de guérison. Gérer en simultané mon corps et ma raison était une épreuve colossale. Tout prenait la dimension d'une montagne, d'une chaîne de montagnes !

J'étais en lutte continuelle avec des sentiments contradictoires. L'alerte toujours présente, la culpabilité, la honte et la nécessité de tout regarder bien en face, car le paysage était fort abîmé… Cesser de me mentir était la première des choses. Il me fallait ensuite me pardonner. De quoi ? De tout ! De m'être tellement laissée perdre ainsi, d'avoir fait du mal à des gens que j'aime en protégeant celui qui les blessait, qui abusait de ces personnes. Comment avais-je pu descendre aussi bas ? Par quoi me fallait-il commencer pour enlever juste un peu de cette lourdeur. Je ne parvenais même plus à savoir si je me rendais malade tellement j'ai mal géré le stress et le trac.

Peu importe les circonstances.

J'ai toujours été une angoissée naturelle. Une insomniaque chronique.

J'en avais tellement lourd sur la conscience et le cœur. Tant de non-dits, trop de sourires cachant la tristesse…

* * *

Je me sentais perdue. J'étais faible physiquement et je me devais d'être très prudente. Je savais que le moindre geste pourrait envenimer ma plaie. Mes parents m'écoutaient et m'offraient leur soutien inconditionnel, et je me devais de m'ouvrir avec une totale honnêteté afin de ne pas apporter tous mes problèmes dans leur maison, même si je craignais de les blesser car, en quittant l'homme qui avait partagé ma vie, je devais m'assurer de ne pas faire de mal à ma famille. Il était de ma responsabilité de veiller à leur protection autant qu'à la mienne et je devais demander de l'aide, aller en chercher, pour eux et pour moi-même. Ils ont insisté pour que je m'occupe d'abord de moi, que je sorte de mon pétrin et qu'on puisse ensuite repartir à neuf.

Pour que ça marche, il me fallait collaborer. Je leur imposais une énorme responsabilité en leur confiant ma santé chancelante, ce qui les mettait toujours sur le qui-vive. Je devais me secouer et me mettre en règle, m'ouvrir entièrement à tous mes soignants.

Mes médecins m'ont guidée dans cette démarche et m'ont offert un choix de ressources disponibles. Suivant leurs recommandations, j'ai fréquenté un certain temps une maison venant en aide aux femmes en difficulté. J'y ai trouvé une écoute nécessaire car, lorsqu'on est très perturbé, il est difficile de démêler ses sentiments. Ce sont de véritables montagnes russes et, pour faire une autre comparaison, tout se mélange alors comme un château de cartes qui s'écroule. C'est là que les intervenants déterminent l'état général, psychologique et émotionnel de la patiente.

Leur aide me fut absolument nécessaire afin de tout démêler et me diriger vers les bonnes ressources. Se livrer à ses soignants et intervenants est loin d'être facile, mais une fois dans l'engrenage, plusieurs possibilités s'ouvrent et différents organismes adaptés à toutes les situations d'urgence ou de détresse se présentent. Notamment le CLSC qui entre alors en jeu. On n'a pas tous les moyens de se payer des psychiatres. Pourtant, les malades qui sont pauvres et démunis doivent aussi être soignés. En confiant mes besoins aux spécialistes du CLSC et en leur expliquant les soins médicaux que je recevais, il y a tout de suite eu une collaboration. On m'a fait voir un psychiatre qui, après quelques rencontres, a diagnostiqué de graves traumatismes. Les huit dernières années avec *lui* avaient fini par ébranler toute mon identité. Tout ce que je croyais être avait pris le bord. Je n'étais plus qu'une fugitive apeurée, blessée presque à mort.

Je tournais en rond comme un lion en cage. Comment penser soigner son corps quand le moral veut aussi se briser? Quand tout a basculé? Ma carrière, je l'avais laissée aussi se contaminer. Tout ce que j'avais construit, je l'ai regardé le mettre en pièces. Pire, le piétiner. Il fallait tout reconstruire et je devais attendre que mon corps me permette de bouger.

Je voulais aller trop vite. Moi qui avais toujours roulé à cent à l'heure, c'était une torture de devoir attendre que mon ventre guérisse pour prendre des initiatives, pour réparer les erreurs que j'avais commises avec lui. J'avais bafoué toutes mes valeurs à ses côtés. Je détestais celle que j'étais devenue. Je voulais l'effacer tout de suite. Oublier jusqu'à quel point on peut s'humilier par amour...

***

Je l'avais rencontré près de dix ans auparavant dans un restaurant dont il était propriétaire. J'y ai chanté un certain temps. Il n'était pas le type d'homme qui m'attirait habituellement, toutefois, il était maître dans l'art de la séduction verbale et c'était ainsi qu'il finissait toujours par obtenir ce qu'il convoitait. Je suis tombée dans le panneau comme une enfant naïve. Dès le départ, j'ai ressenti des malaises, mais je n'avais jamais le temps de m'y attarder, car il trouvait toujours une manière de m'étourdir et m'emmener ailleurs, loin du doute pour finalement me laisser happer par ses paroles mielleuses. Avec ce genre d'individu, on n'a pas le temps de voir venir. Dans le temps de le dire, il s'installe. Le temps de s'en rendre compte, il est déjà trop tard…

Mon existence a pris une dégringolade vertigineuse. Je l'ai laissé s'insinuer dans toutes les sphères de ma vie et j'étais loin de me douter qu'il étendait ses tentacules destructeurs partout sur son passage. Étrangement, j'étais dans une sorte de paralysie face à lui. Je voyais, j'entendais, je subissais, mais je ne réagissais pas. Je n'osais même pas tenter de réagir. Chaque jour, la vérité m'effrayait davantage, mais je m'étais laissée embobiner complètement et je n'avais aucune idée de la façon de m'en sortir. Il était comme un virus qui s'étend dans tous tes fichiers et les corrompt dans le temps de faire pouf ! J'ai fini par me retrouver ficelée dans le cocon qu'il avait tissé si habilement autour de moi…

Tel un Poucet machiavélique, il semait sur son passage les dettes impayées, les chèques sans provisions, les loyers en retard, les promesses mensongères. Quand venait le temps de la colère des principaux concernés, j'étais celle qui récoltait. Il n'était jamais là pour faire face à ses irresponsabilités. Moi, je gobais tout. Je recevais les mises en demeure de je ne savais trop qui pour je ne savais trop quelle raison, les proprios en furie, les appels harcelants des banques, les menaces de ses fréquentations douteuses…

J'ai fini par m'enfermer dans mon cocon par peur d'en sortir et subir quelque nouvelle foudre dont il serait responsable. Le problème est que même le cocon n'était pas sécuritaire.

J'avais beau tenter de me protéger de tout ce qui y pénétrait, j'étais acculée au mur. La menace de danger imminent pesait du matin au soir, de plus en plus lourde d'une journée à l'autre. D'une semaine à l'autre. D'un mois à l'autre. D'une année à l'autre. J'ai vécu tout ce temps dans une sorte de léthargie sourde. Perdant contact avec mon univers propre, m'oubliant totalement jusqu'à ne plus me regarder en face, encore moins dans un miroir. Ma réalité s'est brouillée. Ma carrière s'est effacée derrière ma torpeur. Je me suis effacée derrière la peur.

Dire que j'étais heureuse ?

Non. J'étais profondément malheureuse.

J'étais étouffée, entravée, apeurée. Nous passions notre temps à fuir. Toujours plus loin. Toujours plus profond. Je me rappelle m'être demandée si ma vie était désormais destinée à n'être qu'une fuite. La réponse m'était insoutenable. Pourtant, je fuyais. J'ai fui avec lui pendant huit ans. J'ai éprouvé tellement d'angoisse que tout a commencé à se dérégler dans mon corps. Je me suis sentie dépérir sans pouvoir le confier à qui que ce soit. J'ai fait semblant pour la galerie et j'ai menti sur ma situation réelle.

J'étais à sa merci. Jusqu'à ce que mes tripes n'en puissent plus. Supporter autant de stress n'avait plus aucun bon sens. Les douleurs violentes sont finalement arrivées.

J'étais brisée...

3

Un mois s'était écoulé depuis ma chirurgie. Je traînais de la patte. Je faisais infection par-dessus infection. Je passais la moitié de mon temps à l'hôpital pour me faire traiter aux antibiotiques par intraveineuse.

Je maigrissais à vue d'œil.

Je devais reporter mes projets de retour au travail.

Le téléphone sonnait pour des offres, ou pour des journalistes désirant une entrevue, mais je ne répondais pas. Ma mère prenait les appels et leur expliquait que je n'étais pas capable de leur parler. Et c'était loin d'être un mensonge.

Je n'étais pas en état de retourner travailler. Je n'étais même pas suffisamment en forme pour y penser.

Cependant, je refusais l'évidence et je continuais à ressentir l'urgence qui m'habitait. Je devais vite recoller les pots cassés. Ça faisait souffrir mon moral et ralentissait ma guérison.

C'était clair que je devais remettre ma vie en place, mais j'oubliais le principal. Je ne pensais pas à moi. Je pensais à me refaire, mais juste sur le plan social. Je ne pensais pas encore à me refaire mentalement, à prendre le temps nécessaire pour comprendre ce que je vivais, sans compter que je n'envisageais même pas que ma situation physique puisse être chronique. Allez donc ! Ça n'arrivait qu'aux autres. Moi, je savais comment me virer de bord sur un dix cents, comme dit l'expression. Vite! Vite! Je suis habituée à opérer. Pas à l'être...

Je sais que j'ai toujours été du genre à vouloir forcer mon corps à dépasser ses limites. Les années d'entraînement intensif démontrent parfaitement que je me pensais capable de prendre le contrôle de ma carcasse, et ce, malgré la maladie. Mais j'y reviendrai. Or, cette fois-ci je perdais la partie. Je ne pouvais pas forcer mes organes à guérir plus vite en dépit de l'urgence!

À travers cette tourmente physique, j'ai entamé une thérapie avec une psychologue spécialisée en violence conjugale. Malheureusement, cette dame est morte à l'heure où j'écris ces pages, mais je songe souvent à elle et au travail important, majeur, que j'ai fait avec elle et qui s'est avéré être ma planche de salut. Nos rencontres m'ont aidée à prendre le temps d'analyser mon comportement et à prendre conscience de la dépendance affective qui a dirigé ma vie.

Il y a en moi cette capacité de me jeter dans l'expérience, même la plus dramatique, et de la regarder avec une curiosité qui me permet de la dédramatiser. Mon imagination s'active et je finis toujours par voir la situation comme une allégorie ridicule. Mon sens de l'humour camoufle souvent de grandes peines... Avec ma thérapeute, je riais beaucoup. Elle captait rapidement ce côté naturel chez moi et elle passait par là pour faire avancer son travail. Contrairement à ce que je prévoyais en entrant dans le bureau pour la séance numéro un, la boîte de papier mouchoir n'était pas si nécessaire. Parfait. Je pleurais suffisamment quand je rentrais à la maison.

À l'hôpital, ou dans les bureaux des intervenants, je me comportais comme une élève assidue étudiant une matière qui la passionne. J'apprenais mes leçons, ce qui m'aidait à rétablir mon équilibre, à m'organiser dans l'immédiat et à moins réagir craintivement.

* * *

Il appelait, mon type. Au début, souvent. Deux fois par jour. Je sursautais dès que la sonnerie se faisait entendre. Ma thérapeute me préparait à ces coups de fil en m'apprenant à reconnaître les différents signes caractérisant les abuseurs et les manipulateurs. Le langage du corps parle selon le type d'abuseur à qui on a affaire. Sa façon d'utiliser le verbal est prévisible si on sait écouter. Puis arrivent les étapes du changement de leur comportement pour atteindre leur cible. Fascinant. Presque drôle même lorsqu'elle m'a prévenue que, selon elle, pour l'étape suivante, mon pervers narcissique devrait loger son prochain appel malade d'amour, avec des idées suicidaires et tenter de jouer sur la pitié et la culpabilité.

Elle me préparait à la contre-attaque.

Pile! Il a fait une crise cardiaque, il veut changer, il me disait que sans moi, il préférerait mourir, etc. Imaginez ma fierté quand j'ai réussi à lui répondre : *Si tu veux mourir, meurs! Mais pas à cause de moi. J'en ai assez du désastre qui m'attaque physiquement et ta mort est le dernier de mes soucis!*

Pas facile. J'ai aimé cet homme! Et je redoutais qu'il passe à l'acte. Je me sentais déjà affligée par la culpabilité. Son empreinte était vraiment comme un fer chaud qui grille la chair.

Mais à mesure que je travaillais avec ma thérapeute, ma réaction lors des discussions avec lui changeait. J'arrivais à le désarçonner. Donc, les appels finirent par s'espacer. En prévoyant le comportement de mon pervers, je me donnais du contrôle.

Il y a cette autre fois où nous discutions de « l'étape des fleurs ». Selon mon intervenante, et la direction que prenait les conversations téléphoniques, nous en étions à l'étape de la « ré-séduction ». Il devrait répliquer en m'offrant des fleurs. Pile ! Les fleurs arrivent ! Ensuite est survenu un coup de fil où il s'épanchait sur la police qui était à ses trousses et la fuite qu'il devait prendre. Plus ça avançait, plus il en ajoutait. On est passé des fleurs aux menaces.

Ce qui me donnait une chance était justement le fait que, physiquement, il n'était plus présent. J'ignorais s'il se trouvait toujours en Floride, mais il n'était pas devant moi. Je pouvais donc contrer ses frappes.

Puis, un jour, plus rien. Ma psy m'a dit qu'il le faisait exprès. Ça faisait partie de son « plan ». Il récidiva deux mois plus tard. Mais cette fois-ci j'étais préparée. Ma psychologue me guidait sur les choses à lui dire et comment anticiper ses réponses. J'ai fini par avoir le courage de lui dire de cesser d'appeler, peu importe la raison. Je l'ai averti que, oui, il avait la police au cul et que je ne m'étais pas gênée pour le dénoncer.

Même si je vivais toujours une guerre de nerfs à chaque coup de téléphone, je devenais plus forte et mon attitude l'était également. Je lui ai fait finalement savoir que chacun de ses appels était signalé à la police, de sorte qu'il a fini par lâcher prise.

* * *

Dénoncer fût le début de la reprise en main de ma vie. Le lien maléfique s'est alors dénoué et je n'ai plus, dès lors, été mêlée à ses intrigues et j'ai ainsi évité de connaître ses déboires.

En le dénonçant, j'ai enfin cessé de dormir avec l'ennemi. Et comme il y avait un trou béant au milieu de ma route de vie, il fallait me relever et faire le ménage. L'Aide Juridique a pris le reste des choses légales en main. À cause des circonstances, je n'ai pas eu à attendre le temps réglementaire d'une année pour que mon divorce soit finalisé. Deux mois seulement et tous les documents m'étaient parvenus avec le sceau du tribunal. Son avocat avait signé pour *lui*. J'étais libre !

Pourtant, au-dedans, j'étouffais et la terreur m'habitait toujours. Huit années de guerre de nerfs m'avaient tout pris. J'étais vidée et je n'avais plus aucune concentration. La migraine et la nausée ne me quittaient pratiquement jamais. Mes nuits étaient peuplées d'inondations, de digues qui éclatent, de routes qui se cassent, de montagnes qui explosent. Mon corps ne guérissait pas.

Une vive douleur m'habitait à nouveau et j'avais la frousse, de sorte que j'ai repassé toute une batterie de tests. Les médecins craignaient un cancer, ce qui, heureusement, a été négatif, sauf que les fièvres et les infections n'en finissaient plus. Le chirurgien a fini par diagnostiquer une « diverticulite ».

— Une quoi ? ai-je demandé, réalisant que je n'avais auparavant pas posé de question sur mon état de santé.

Une des nombreuses affections du côlon. Car il y en a plusieurs et j'aurai le privilège d'en connaître plus d'une ! Le chirurgien voulait m'opérer de nouveau, ce qui me bouleversait, mais de toute manière, je ne cessais d'être malade et de me bourrer inutilement d'antibiotiques.

— La différence est que cette fois-ci on peut prévoir, me dit mon médecin pour me rassurer un peu.

Théoriquement, c'était moins inquiétant que la première fois. Sauf qu'on parlait encore d'au moins six mois avant que je puisse penser retourner au travail ! J'allais faire quoi ensuite ? Je ne savais même pas si je voulais m'établir pour de bon au Lac-Saint-Jean. J'étais encore dans la chambre d'amis de la maison de mes parents, mais je n'avais pas de véritable chez-moi. Je ne considérais pas la maison de mes parents comme mon chez-moi à ce moment-là. Comme j'ignorais encore davantage que je devrais m'en remettre à eux pendant si longtemps, sans autre choix...

Louer un appartement à ce moment était impensable, surtout qu'il me fallait composer avec l'idée de l'aide sociale qui, je l'espérais, n'était que temporaire. Ma santé, cependant, m'obligeait à piétiner pour le reste et je me sentais acculée au mur. Sans me soigner, je ne pouvais rien faire.

Pour la première fois depuis ma chute et ma fuite, je comprenais que je n'étais pas physiquement invincible et qu'il était possible que je sois malade encore longtemps.

Ça n'arrivait plus qu'aux autres. Ça m'arrivait à moi !

4

À peine quatre mois après la première chirurgie, je subissais la seconde. J'étais loin d'imaginer à ce moment-là que ce n'était que le début d'une longue série. Déjà que je ne savais pas combien de fois je m'étais retrouvée hospitalisée entre ces deux interventions à la suite d'une visite à l'urgence.

J'étais convaincue que cette fois-ci, j'allais bien guérir et recommencer ma vie !

Après tout, je savais maintenant comment se fait une opération des intestins. J'avais traversé la première sans complications immédiates. Il y avait eu en prime l'ablation de tout l'appareil féminin ! Là, on parlait juste d'un bout d'intestin. De la petite bière ! J'essayais donc de me convaincre que les infections dont j'avais été atteinte par la suite n'étaient que le résultat de la fatigue accumulée, du stress mal géré.

Mon état d'esprit était plus que jamais en mode survie. Je m'étais débarrassée des stigmates en surface et je ne vivais plus dans la terreur. Hélas, l'urgence, elle, ne faisait qu'augmenter. Je planifiais déjà « l'après » opération.

Le travail ! Je n'avais que le travail en tête, juste l'idée de me refaire en travaillant. Je ne songeais pas à m'arrêter pour me regarder de tout bord tout côté ! Je me suis toujours réalisée par le travail. J'imaginais donc que de travailler allait tout régler, incluant le psychologique. Surtout le psychologique! Ma vie de femme était si décevante à regarder. J'aurais préféré tout balayer et tout cacher sous le tapis. Puis, juste recommencer sans répéter les erreurs du passé. J'étais convaincue d'avoir suffisamment eu de misère au niveau personnel pour que la leçon soit apprise par cœur!

Mes médecins me disaient de mettre les freins à mes projets. *Tu as besoin de temps…* De temps? Besoin de temps? Puis-je me permettre d'avoir du temps? Moi, la femme à toute épreuve, que rien n'avait jamais arrêtée, JE N'AVAIS PAS LE LUXE DE PRENDRE MON TEMPS! J'étais désormais seule et l'Aide de dernier recours me faisait quasiment honte. Je gagnais ma vie depuis l'âge de dix-sept ans et je n'avais jamais manqué d'ouvrage car j'étais fonceuse, perfectionniste, minutieuse et lorsque je voulais un contrat, je pouvais aller le chercher assez effrontément. L'artiste a toujours su comment se débrouiller. La femme, je ne lui ai jamais fait de place… Pour moi, prendre mon temps signifiait perdre mon temps.

* * *

Parlons d'abord de la chirurgie qui m'attendait. Aussitôt qu'on touche aux intestins et au système digestif en général, on parle d'une opération majeure, très délicate, et le temps de guérison est assez difficile à prévoir. En général, quand on subit une «résection», ce qui signifie en jargon médical qu'on coupe une partie de l'organe malade et qu'on soude ensuite les bouts, on parle d'une hospitalisation d'une dizaine de jours, quand il n'y a pas de complications. Avant de rentrer chez soi, il faut s'assurer de pouvoir recommencer à se nourrir et que les parties ressoudées fonctionnent normalement.

La convalescence dure en moyenne trois mois. Le premier étant extrêmement important. La nutrition doit être étroitement surveillée. Il ne faut pas forcer. Avant de reprendre des activités physiques, il faut que le corps soit prêt. Ça prend quelques mois et cette période est majeure. Comme le stress, l'angoisse et l'inquiétude touchent directement le système digestif en temps normal, en temps de convalescence il faut absolument les éviter. D'où l'importance d'être entouré et de ne pas laisser le cerveau prendre n'importe quelle direction. Donc, en conclusion, mon état d'urgence permanent était tout le contraire de ce que je devais ressentir pour guérir.

La chirurgie s'est pourtant passée normalement et dix jours plus tard, je rentrais chez mes parents pour une autre convalescence. Je me rendais compte à quel point j'avais besoin d'eux qui avaient une patience stupéfiante. Ils m'ont fait une place dans leur vie et leur maison; ils ne demandaient rien d'autre que de prendre le temps… Encore. Or, plus le temps avançait et plus je me sentais en sécurité avec eux, dans leur maison calme.

Ça m'a frappée de plein fouet. J'ignorais ce qu'est le sentiment d'être en sécurité dans une maison. À moins que je ne l'ai perdu en route ?

Probablement… Je réalisais également à quel point j'étais habituée de vivre à cent milles à l'heure et à soutenir ceux que j'aime. Amis, amours. J'ai été la mère de tout le monde. J'ai pris soin des autres monétairement. J'ai tout donné par amour. Amour des autres. J'ai tout perdu par amour…

Dans la maison de mes parents, j'avais l'impression de tout réapprendre. Eux, par exemple, je ne les connaissais pas. J'ai quitté la maison à l'âge de dix-sept ans et, par la suite, je ne les voyais peut-être qu'une fois par année. Il me fallait poser un autre regard sur eux pour ne pas éprouver trop de culpabilité. Ma situation était si incertaine et sans leur aide, j'ignore ce que je serais devenue. Seule, dépouillée, apeurée… Pourtant, ils étaient si calmes face à tout ça que ça m'était pratiquement incompréhensible. Alors, j'ai appris à les connaître. Pas réapprendre. Juste les voir comme des gens qui entrent dans ma vie et qui se donnent naturellement. Je n'en revenais pas de leur capacité d'adaptation face à ma situation. D'abord en tant qu'aidants naturels où ils faisaient face à toutes les urgences avec contrôle et douceur.

Mes parents ont toujours aidé les autres. Je n'étais pas la première malade dont ils prenaient soin. Évidemment, je suis leur fille et ils sont venus à ma rescousse. Cependant, ils l'auraient fait pour un autre membre de la famille ou un ami, sans hésiter. Ils l'ont fait souvent. Ils savaient dans quoi ils s'embarquaient en m'accueillant chez eux malgré mon état de santé. Le temps pour eux n'était pas un problème. Ils connaissaient la maladie pour l'avoir vécue eux-mêmes et pour avoir aidé tant d'autres à la traverser. Des aidants naturels « naturels », comme j'aime à les nommer.

Ma mère a été gravement malade pendant mon enfance. Elle a mis quatre enfants au monde et entre chaque grossesse elle devait être opérée. Il ne lui restait qu'un quart d'ovaire quand mon plus jeune frère a été conçu ! Elle a été malade pendant des années alors qu'elle élevait sa famille et elle travaillait pour aider mon père à joindre les deux bouts. Mon père a passé son enfance malade. Des troubles cardiaques qui se sont manifestés alors qu'il était adolescent. Ils ont souffert leur part. À l'âge de cinquante ans, ils ont tout plaqué pour recommencer à zéro.

Des héros, oui. Je découvrais des héros dans la maison de mes parents. Je les voyais encore amoureux, peut-être plus que jamais, et je commençais à comprendre d'où venait la recherche intense de l'amour qui a causé ma dépendance affective. Je voulais l'amour de mes parents. Je voulais connaître ce que c'est que d'être aimée autant que mon père aime ma mère… J'ai cherché cet idéal dans toutes mes relations. Mes parents ont toujours démontré des marques d'affection l'un pour l'autre devant nous. Ça m'a tellement marquée que je recherchais cet absolu. Et je venais de le comprendre. J'étais tout à coup consciente que j'ai été une enfant avant d'être adulte et que je ne connaissais pas cette enfant. Ou je l'ai oubliée en route ?

Probablement…

* * *

Je voyais toujours ma thérapeute. Et je m'apercevais à quel point je n'avais pas pris soin de moi. De la petite fille en moi. De la jeune fille que j'ai été et de la femme que je suis devenue. Que je devenais… Elle m'amenait à réaliser que le temps est là justement pour que je le prenne ! Qu'est-ce que je veux ? Qu'est-ce que je ne veux pas ? Qu'est-ce que je ne veux plus ? Et qu'est-ce qu'il m'est possible de faire maintenant, en attendant, pendant ma guérison ? Peut-être essayer de nouvelles choses ? Je commençais tranquillement à apprécier l'idée. Comme j'avais absolument besoin de m'occuper esprit et corps, il me fallait un passe-temps qui me demanderait les deux.

C'est ainsi que la peinture est arrivée. Lors de mon dernier séjour à l'hôpital, j'ai beaucoup songé à une amie récemment décédée d'un cancer. Avant de partir, elle m'avait dit : *Tu vas peindre. Ça va te sauver la vie. Peins. Fais-le pour moi. J'ai vraiment envie de savoir ce que tu pourras faire comme peintre. Alors peins. Fais-le pour moi...* J'ai alors demandé à tous ceux qui venaient me rendre visite à l'hôpital de ne plus m'apporter de fleurs. J'en avais marre de les regarder mourir ! Je voulais de la vie, de la couleur, du mouvement. Je leur ai suggéré de me donner du matériel de peinture. Des crayons, des cahiers à dessin, des livres, des couleurs, etc. Un ami m'a donné un chèque cadeau à dépenser au magasin d'art. J'étais aux anges !

Quand je suis arrivée à la maison, mes parents avaient pris le temps de m'installer un petit coin pour peindre. Mon père m'a fabriqué mon premier chevalet. Je me suis jetée dans cette nouvelle expérience artistique avec passion. J'ignore comment mais c'est arrivé tout de suite, sans effort comme si j'avais fait ça toute ma vie. Quand j'étais enfant, j'aimais les arts plastiques et j'étais déjà débrouillarde avec mes mains. Bah, je dessinais un peu, mais je bricolais surtout. Le tricot, les encres de Chine et l'écriture étaient mes passe-temps favoris. Je n'ai jamais pensé à élaborer en dessin ni à peindre. C'est pourquoi j'ai été si émerveillée de découvrir que je savais faire ça !

Peindre a changé ma vie, ma façon de penser. Je n'aimais pas peindre en urgence. Mon appétit des détails reprenait le dessus et je devais prendre mon temps pour obtenir le résultat désiré. J'ai donc commencé à avoir hâte de peindre. Plus particulièrement quand la douleur m'assaillait. Ou le doute. Me jeter dans la création pour le plaisir de la création s'avérait être une grande découverte pour moi. J'arrivais enfin à oublier le temps et à cesser de tourner en rond en attendant… En attendant quoi? En attendant tout simplement. Un entracte. Ça donnait un break à mon mental de cesser de réfléchir à ma situation.

Lentement, je refaisais surface et le futur m'effrayait moins. Me rapprocher de ma famille me donnait l'envie de rester près d'eux. J'aimais aller marcher sur le bord de l'eau ou lire dans mon petit parc de Saint-Félicien juste à côté du CLSC. Quand je terminais avec un intervenant, j'allais juste m'asseoir face à la rivière et je m'évadais dans mon nouvel imaginaire coloré. Je peignais, je peignais, je prenais des photos pour peindre, je ne songeais qu'à peindre.

Au moins, pendant ce temps-là, je donnais le temps à mon corps de reprendre le dessus.

5

J'ai eu une belle carrière. Contrairement à ce qu'on pourrait croire, le métier ne m'a jamais abandonnée. Comme je l'ai écrit dans le chapitre précédent, je n'ai jamais manqué de travail. Le téléphone a toujours sonné. On me dit souvent que j'aurais pu aller aussi loin que Céline Dion. Je réponds toujours comme j'ai toujours répondu : *Je ne veux pas la carrière de Céline. Je ne veux pas conquérir le monde ! Je veux juste travailler avec mon talent.*

C'est ce que j'ai fait pendant plus de vingt-cinq ans.

Il y a eu la période des cabarets quand je travaillais presque sept jours sur sept et que j'étais engagée un an à l'avance, celle d'*Épopée Rock*, l'époque de la chanson *Recherché*, en passant par *Garden Party*. Bref, j'ai toujours travaillé. J'ai participé à des émissions spéciales, à des voyages avec l'armée canadienne dans les pays en guerre, et j'ai enseigné. Je travaillais. Ça me suffisait. Je n'ai pas toujours fait les meilleurs choix, mais je les ai assumés.

C'est pourquoi j'affirme avoir eu une belle carrière qui ne me laisse aucune frustration. Le désir de travailler que je ressentais depuis ma chute n'était pas le désir de reprendre ma carrière et de me remettre sur la mappe. Et j'étais profondément étonnée de constater que le public n'oublie pas. On me demandait de revenir, de faire un disque avec mes succès. Bizarre, je n'en avais pas envie. Je n'avais pas envie de faire un retour. Envie de chanter ? Oui. On ne perd pas l'envie de chanter, mais ça ne mène pas nécessairement à un retour. Je voulais juste travailler dans un domaine qui me convenait, même si ça impliquait que je change totalement de direction. De toute manière, avec la peinture, j'ai trouvé un exutoire artistique qui me semblait plus important que de refaire le passé.

* * *

Un an s'est écoulé depuis mon arrivée au Lac-Saint-Jean. C'était l'automne 2004. Mon énergie n'était plus la même. J'ai eu une bonne convalescence et j'ai travaillé fort avec ma thérapeute. J'ai beaucoup parlé avec mes médecins et ils m'ont tous conseillé de demeurer dans la région, car j'étais encore fragile. Il y a encore eu quelques alarmes, mais en général, physiquement, je pouvais dire que j'avais un répit même si je ne me sentais pas très forte.

La sécurité que j'ai trouvée dans la maison de mes parents s'étendait doucement à ma petite ville. *Oui, je peux accepter de faire un bout ici, tranquille.* J'ai donc décidé de prendre un appartement, pas très loin de la résidence de mes parents, car j'avais encore besoin d'eux. Et aussi parce que nous sommes devenus amis. Vivre seule ne m'était pas arrivé depuis longtemps. Je devais apprivoiser l'autonomie, ce qui me convenait assez bien. J'étais pleine d'idées, j'avais envie d'avancer sans aller trop loin, trop vite.

À l'époque, bien que soignée, mon corps ne suivait pas. Mon ventre était gros et sensible. La cicatrice avait une drôle de couleur et j'avais tellement besoin de sommeil en même temps qu'une envie incessante de bouger. Je me suis alors dit que ça ne ferait peut-être pas de tort à mon corps de faire de l'exercice. Alors, deuxième prise d'autonomie, je trouve un gym.

Peu importe où je débarque sur la planète, je trouve toujours un gym. Quand je me suis retrouvée dans le Grand Nord, sur une base militaire tellement proche du pôle que même les ours polaires ne veulent pas s'y rendre, j'ai trouvé un gym. Je suis habituée à une discipline d'athlète depuis des années. Il fut un temps où je m'entraînais plusieurs heures par jour. Musculation, endurance, arts martiaux. Grosse discipline. Pourquoi ? Je ressens ce besoin depuis une opération dans le bas de la colonne vertébrale, alors que je n'avais que quinze ans.

Par la suite, j'ai dû faire de la physiothérapie. Malgré cela, je suis restée les épaules courbées. J'ai donc entamé l'entraînement pour améliorer mon maintien. Je faisais des spectacles et mon apparence comptait. Mon endurance également. Je faisais des shows exigeants physiquement. Comme j'étais une insomniaque chronique, ma force physique compensait. Extrémiste encore... Et j'aimais le sentiment de prendre le contrôle de mon corps. De le sculpter, de lui imposer une discipline d'enfer. J'aimais la sensation que me procurait la force.

Normal que j'ai donc eu envie de m'entraîner dans ma nouvelle vie. J'avais besoin de me sentir en terrain connu. Par contre, je voyais bien que je n'étais pas en état de prendre un emploi à plein temps. Ma capacité ne me le permettait pas. Alors autant opter pour du temps partiel. Pourquoi pas le gym ? J'avais suffisamment de connaissances pour y travailler et j'adorais l'ambiance, peu importe qu'il s'agisse d'aider à un programme d'entraînement pour un membre ou de préparer un smoothie aux protéines.

J'en ai alors parlé avec les deux propriétaires qui furent ravies de me donner quelques heures le week-end. Ça me plaisait surtout que cette situation me permettait de créer un nouveau cercle de connaissances. Ma vie sociale se refaisait tranquillement et ça m'emmenait ailleurs. Dans un gym, surtout dans une petite ville, on rencontre tout le monde, les gérants de banque comme les secrétaires médicales quand ce n'est pas les médecins. On y rencontre des étudiants cégépiens autant que des femmes de tout âges. C'est ainsi que m'est venue l'idée de m'impliquer culturellement dans ma région et de participer à l'organisation d'événements. On me demandait également des cours de chant. J'avais des offres pour des cours privés et pour des écoles publiques, mais, à ce moment, j'ai choisi de faire un peu de privé.

J'ai toujours aimé le changement et les nouveaux défis. J'ai couru après la plupart du temps! Pour *Épopée Rock*, au début de ma vingtaine, je n'ai pas hésité à me présenter au cinquième étage de TVA, sans avoir pris rendez-vous. J'ai frappé à la porte du producteur et je me suis imposée.

— Je veux faire votre show! Je sais chanter et je veux jouer. Je suis faite pour votre show.

— Malheureusement, nous n'avons besoin de personne en ce moment.

— Je vous laisse mon premier album.

Madame Saint-Onge, auteure de l'émission, était alors venue se joindre à nous et je l'ai aimée instantanément, encore plus quand elle a promis de songer à moi dans le futur.

Mon audace fut payante, car deux jours plus tard, je recevais un coup de fil du producteur. Madame Saint-Onge avait écrit un rôle pour moi. C'est ainsi que j'ai commencé cette belle aventure qui a duré cinq ans. J'ai quitté l'émission parce que j'étais enceinte jusqu'aux yeux, une situation plutôt difficile à camoufler quand le personnage que j'incarnais ne vivait pas de grossesse.

J'étais comme ça. Tout au début, je montais sur scène dans les clubs et je leur demandais le micro. Dès que je m'ouvrais la bouche, je surprenais tout le monde. Je savais chanter. Les offres de travail ont suivi. À dix-neuf ans, je gagnais déjà ma vie, uniquement avec ma voix. Ma mémoire était phénoménale. Je pouvais apprendre par cœur deux chansons par jour. Jacques Boulanger et Pierre Létourneau m'ont ouvert les portes de Radio-Canada après plusieurs auditions. Par la suite, on m'appelait souvent pour l'émission des *Démons du midi*. Je pouvais remplacer l'artiste qui avait annulé à quelques heures d'avis seulement, apprendre la chanson ou le sketch à jouer et je faisais le show comme si j'y travaillais depuis des mois.

J'étais une grande travaillante et je me jetais à fond dans tout ce que j'entreprenais. Et je réussissais. Je me souviens de certaines salles presque vides. Et alors ? Je me donnais à fond quand même. Pour moi, une seule personne ou trois mille dans la salle, ça ne changeait rien. Cette personne était là pour m'entendre. Pour que je la divertisse, il fallait que je lui fasse du bien. Elle méritait la même attention qu'une foule entière.

Ce souci de la perfection et la passion qui m'habitait pour mon travail, hélas, ne m'ont jamais suivie dans ma vie de tous les jours. Toute la discipline que je pouvais avoir dans le travail et dans mon entraînement physique prenait le bord dès que j'ouvrais la porte de ma vie personnelle. Le chaos. Et je ne parle pas uniquement de la pile de linge que je devais enjamber pour passer la porte de ma chambre. Ou la vaisselle de deux jours, le lait resté sur le comptoir, etc. J'étais une traîneuse née et je n'ai jamais vraiment fait de véritables efforts pour changer ces mauvaises habitudes. J'étais si peu souvent chez moi que cela n'avait pas vraiment d'importance. Je préférais l'organisation de ma vie de vagabonde. Paradoxe singulier…

Garden party

* * *

Quand j'ai revu le psychiatre qui m'avait reçue à mon arrivée au Lac-Saint-Jean en septembre 2003, nous avons discuté de ce paradoxe, parlé d'art en général, de spiritualité, de transfert de comportement. Cette discussion a vraiment allumé ma curiosité. Débarrassée des peurs irraisonnées causées par ma séparation, on pouvait commencer un autre genre de travail, faire un bilan de mon passage dans le milieu du show-business. La réalisation de ma force intérieure, pas celle des gyms et des dojos de karaté. La force vitale. Là, bien avant ma carrière, bien avant les muscles.

C'est cette force-là qu'il me fallait maîtriser pour la diriger ailleurs et m'en servir pour construire mon univers personnel comme j'ai construit ma carrière. Cette volonté me représentait complètement, mais je ne la connaissais pas. Je ne me souvenais plus de l'enfant imaginative qui s'enfermait dans sa chambre pour écrire. Ou je l'avais perdue en cours de route?

Probablement…

* * *

Cette rencontre et cette discussion ont réveillé quelque chose en moi. Plus particulièrement lorsque le médecin m'a décrit comme une «guerrière spirituelle». Ça m'a chavirée! Mon maître de karaté m'appelait ainsi... Il disait que les plus grands maîtres finissent par cultiver la force et le contrôle de l'esprit au lieu de celle des poings. Et voilà que mon psychiatre réveillait ces souvenirs et donnait une signification à ces phrases. Au-delà des muscles et des poings, il y avait la guerrière spirituelle. Celle qui se tenait debout et qui combattait par sa volonté, son désir d'avancer et d'empêcher la pensée de se mettre à vagabonder ici et là jusqu'à la mélancolie. Je n'avais quand même pas consacré plus de dix ans à la discipline du combat pour que ce soit inutile! Il suffisait de l'intégrer dans ma vie comme je l'avais intégrée dans mon travail. Voir la reconstruction de ma vie comme un entraînement particulier où la force des poings n'apportait aucun résultat. C'est dans le «mental» que ça doit se passer.

Le psychiatre me suggérait d'étudier, de partir à la découverte de nouvelles connaissances. J'aime apprendre, alors j'ai aimé la suggestion. Puis il m'invita à écrire. Il m'a alors parlé d'un ami qui a commencé à paralyser à l'âge de vingt ans et qui s'est mis à l'écriture d'ouvrages didactiques. Aujourd'hui, cet homme n'a plus que sa bouche pour écrire et il est encore productif et heureux. Le fait que le médecin compare mon cas à celui d'un être physiquement en bien plus mauvais état que moi m'a fait réfléchir sérieusement. Oui, je pouvais partir à l'aventure, partir par l'esprit, galoper dans l'imaginaire comme lorsque j'écrivais à huit ans en m'inventant des histoires de fées et de personnages loufoques et dramatiques.

Ce qui m'a rappelé que sur mon premier album, il y a une chanson dont j'ai écrit le texte quand j'avais huit ans. Je n'ai changé aucun mot lorsque je l'ai enregistrée plusieurs années après. Écrire a toujours été une passion. Je ne l'avais pas encore assez exploitée. J'étais trop prise par ma vie de fou pour prendre le temps de m'arrêter pour écrire. Car il faut s'arrêter pour écrire.

J'ai donc recommencé à fouiller dans mes tiroirs de fillette et demandé à ma mère et mon père de me sortir des souvenirs qu'ils avaient conservés. Ma mère avait gardé des poèmes écrits dans de petites cartes avec des dessins d'anges. J'avais des larmes aux yeux quand mes mains ont touché ces mots si doux. Mon écriture... Si jeune et si mature dans mon écriture...

* * *

À la suite de cette rencontre, mon psychiatre a changé ma thérapeute. Il était temps de revenir à mes passions d'enfance et comme j'avais malgré moi le luxe du temps, j'ai décidé d'écrire. Pour moi. Pas nécessairement pour publier, mais pour le pur plaisir d'écrire tout comme je le faisais avec la peinture ou quand j'accompagnais mon père musicien dans les résidences pour personnes âgées. Pour le pur plaisir de chanter et de partager la musique avec lui.

J'ai commencé par un recueil de contes et poèmes inachevés débutés dans mon adolescence, et je suis retombée en amour avec les mots et la belle langue française. Un retour en arrière. Jeune, j'aimais déjà la composition, l'étude des auteurs canadiens et le français, en général, était facile pour moi de sorte que je recevais toujours des bonnes notes en français. En art dramatique, j'écrivais mes textes et ceux des autres à l'occasion. Et j'ai toujours dit qu'écrire des chansons ne me suffisait pas, car pour écrire il me faut au moins dix pages ! Je ne peux pas me contenter de trois couplets et deux refrains.

*** *** ***

L'idée d'étudier faisait son chemin. Sérieusement. Quel domaine ? Bah… On verra. Peut-être une formation en éducation physique ? Qui sait ? J'ai décidé tout d'abord de finir mon secondaire cinq puisque j'avais dû quitter l'école en plein milieu de l'année scolaire pour une opération chirurgicale à la colonne vertébrale. Après, je n'ai jamais repris les cours et j'ai commencé très jeune à travailler, sans compter que j'ai fait ma carrière sans formation musicale ou théâtrale. L'école n'avait jamais vraiment été dans mes plans ni mes besoins.

Je me suis donc retrouvée sur les bancs de l'éducation aux adultes. Comme l'écriture prenait de plus en plus de place dans ma vie, les quatre mois requis pour venir à bout de ce que j'avais à étudier ne m'inquiétaient pas du tout et encore moins les cours de français. J'ai vite déchanté quand j'ai vu autour de moi des jeunes qui étaient là sans véritable intérêt. Et d'autres de mon âge qui se jetaient dans leur travail pour des raisons semblables aux miennes. On me reconnaissait, mais je vivais avec cette réalité. Je n'ai pas de problème à ce que l'on sache que je dois étudier comme tout le monde.

Mes médecins trouvaient que je prenais peut-être des grosse bouchées et m'invitaient à me ménager. Je n'avais pourtant pas d'inquiétudes. Seulement quatre mois pour finir mes cours et les quelques heures aux gym ne pouvaient pas me brûler. C'était ce que je pensais…

De grosses surprises m'attendaient dans le détour…

6

J'ai réorganisé ma vie. J'en étais bien fière ! Maudit orgueil !
Cependant, l'école était moins facile que je le l'aurais cru.
Ma mémoire me jouait des tours. Je me retrouvais souvent
avec la migraine. Les chaises étaient inconfortables, mon
ventre avait grossi et je n'arrivais pas à m'asseoir normalement. Ça ne voulait pas plier au niveau de la taille. Comme
j'ai une bonne cicatrice partant de mon pubis jusqu'au
nombril, ma peau est sensible et le devenait de plus en plus.
Je faisais comme si tout était normal et je ne parlais à personne de cet inconfort qui s'installait de façon constante.

Je refusais d'abdiquer.

Autour de moi, je voyais les gens reprendre le cours de
leur vie normale. Leur vie d'avant mon entrée fracassante qui
les avait forcés à me faire une place. Je ne voulais pas retom-
ber malade. Je ne voulais pas redevenir dépendante d'eux. Je
ne voulais pas devoir encore déranger leur quotidien. Alors
je taisais les premiers symptômes qui m'assaillaient.

Mes parents avaient un voyage de prévu pour aller aux
noces de mon neveu. Je ne pouvais pas leur faire savoir que
je n'allais pas bien. Ils avaient tellement besoin de vivre autre
chose. Je les ai laissé partir en me disant que ce n'était qu'une
dizaine de jours. Mon état ne pouvait pas empirer si vite.

Je surestimais mes forces.

À peine trois jours après leur départ, j'ai appelé la voisine pour qu'elle me reconduise à l'urgence. Je souffrais, comme une brûlure. La fièvre encore. Pourtant, j'avais respecté toutes les contraintes alimentaires. Pas de fruits avec des graines, pas de céleri ni autre légume fibreux, pas de légumineuses, etc.

Hospitalisée encore. Et déprimée. J'allais devoir m'absenter de l'école, et me faire remplacer au gym. Évidemment, aussitôt que mes parents furent au courant, ils ont écourté leur voyage et je m'en voulais.

Pendant une semaine, j'ai de nouveau été soignée aux antibiotiques par intraveineuse. Je faisais une autre diverticulite.

— Quoi ??? Une autre diverticulite ? Mais je viens juste d'être opérée pour ça !

— Il reste quelques diverticules, me répond le chirurgien. On ne pensait pas qu'elles causeraient problème.

— Alors pourquoi ne pas avoir tout enlevé la dernière fois ?

— On ne peut pas faire ça. On ne doit qu'opérer les parties malades…

* * *

À mon retour de l'hôpital, j'ai tenté de reprendre mes activités. J'ai bien dit : « tenté », car c'était loin d'aller comme sur des roulettes. J'ai tout de suite recommencé à souffrir et à me sentir fiévreuse. Je n'arrivais plus à étudier et ça me décourageait. Mes professeurs s'en rendaient compte. Je n'avançais plus. Au gym, même chose. Comme je devais travailler sur deux étages, ça me demandait physiquement bien davantage que ce que j'étais capable de prendre. Autant dire que je n'arrivais plus à enseigner ni à chanter.

Deux semaines plus tard, j'entrais d'urgence à l'hôpital pour être de nouveau opérée. Mon moral? Vous pouvez deviner que ce n'était pas fort. Tout ce que j'avais fait pour me remettre sur pied allait s'effondrer? On essayait de me rassurer. Toutefois, je savais trop bien que je venais de perdre encore la partie.

Grosse débarque!

Quand je suis revenue de la salle de réveil, il paraît que j'avais la face comme une aubergine. J'avais manqué d'oxygène et il y avait eu quelques difficultés pendant l'intervention. Ma tension artérielle avait fait des conneries. Mes parents étaient toujours là, silencieuses sentinelles qui veillaient sur moi. Leur amour et leur présence m'étaient si bienfaiteurs.

Quand les premiers vomissements ont commencé, je pensais que le ventre allait m'ouvrir. On a tenté de me faire manger, mais je rejetais tout. On a donc installé le fameux tube avec lequel je faisais connaissance pour la première fois. Le « levin ». Un gros tube. On l'entre par le nez, pour ensuite le descendre dans la gorge et lui permettre de rejoindre l'estomac. Le tube est connecté à un appareil qui draine l'estomac. Quand les intestins paralysent après une chirurgie, plus rien ne passe par en bas. Tout remonte. Il faut alors drainer et passer la médication par le tube.

Trois jours avant que mon système digestif se décide à fonctionner de nouveau. Et je pleurais, je pleurais, et pleurais. Je venais de prendre conscience que j'étais loin d'être solide mentalement. J'avais l'impression de craquer. Ma psychologue est venue me visiter à l'hôpital. Elle savait que je venais de manger un coup dur et que ma santé mentale en souffrirait.

J'en souffrais, oui. Quand mes patronnes du gym m'ont parlé, je savais qu'elles avaient raison. Je n'étais plus fiable... J'ai donc dû quitter ce travail que j'aimais et qui représentait un nouveau début. Le début de la fin...

Je n'étais plus fiable.

Pour mes cours, j'ai tenté de continuer à la maison. Impossible. Concentration disparue, mémoire abîmée. Encore plus de restrictions alimentaires, encore moins d'activités permises. Je sombrais de nouveau...

* * *

À peine le temps de me remettre sur pied et la souffrance a repris. J'ai repassé encore à travers toute la batterie de tests. On ne voyait rien. Scanner, coloscopie, gastroscopie, lavement baryté, etc. On ne voyait rien. Et mon dos me faisait mal. On dirait que la douleur partait d'en avant et traversait comme un poignard jusqu'au dos. Mon nerf sciatique était-il atteint ? Pourtant, un soir, je me suis rendue aux toilettes pour m'apercevoir que je saignais encore ! Et pas seulement les intestins, mais le vagin aussi. C'était impossible. On m'avait tout enlevé...

J'étais à l'hôtel de ville ce soir-là, en réunion pour un événement culturel à venir. Quand je me suis assise à ma place, j'étais blanche comme un linge. J'ai fermé mon cahier de notes, remis la chemise avec les documents au premier concerné, et leur ai annoncé à mon grand regret que je devais me retirer du projet.

Et vlan ! Tout ce que j'avais entrepris venait de tomber à l'eau. Disons qu'à partir de ce jour, les boîtes de papier mouchoir se vidèrent à chacune de mes rencontres avec ma thérapeute. Je riais jaune.

* * *

Un mois plus tard, je passais encore au couteau. Pas entrée d'urgence à l'hôpital, mais rapidement prise en charge. Lors de cette intervention, on a encore enlevé un bout d'intestin. On trouve un diverticule géant collé à ma colonne vertébrale. On a dû gratter. Une biopsie a été faite. On a également cautérisé des points qui avaient lâché. C'est ce qui avait causé les saignements vaginaux. Et encore le levin. Je hais cet appareil! C'est gros comme un doigt, ce tube. Ça nous déchire la cloison du nez, on ne peut plus parler et ça nous racle le fond de l'estomac. Or, on me l'a installé en salle d'opération à cause de complications pendant l'intervention. Ça devait être sérieux, car l'anesthésiste est venu me voir pour me signifier qu'on avait dû se dépêcher pour m'installer un tube et qu'il avait cassé une de mes dents. Il m'a donné un papier pour que je puisse faire réparer la dent en question.

— Vous êtes en forme, madame Bergeron, me dit-il.

— En forme? Moi, en forme? J'en suis à ma quatrième chirurgie en moins de deux ans!

— Vous vous êtes beaucoup entraînée, m'a-t-il répondu. Vous avez un corps solide, sinon vous ne seriez jamais passée à travers.

— Eh bien! lui ai-je rétorqué en soulevant mon bras amaigri pour lui montrer mes muscles fondus. Au moins, je n'ai pas fait tous ces efforts pour rien...

* * *

J'ai recommencé à me nourrir au bout d'une semaine. Au quatrième étage de l'hôpital de Roberval, on commençait à bien me connaître et pas parce que je suis une personnalité publique. On me connaissait parce que j'y passais tellement de temps que je faisais presque partie du personnel. Pour me désennuyer, je faisais le tour des chambres avec mon poteau de soluté pour blaguer avec tout le monde.

J'aime les gens. Je suis quelqu'un qui aime aller vers les autres. D'ailleurs, j'ai toujours dit que je n'ai pas fait ce métier pour me faire aimer du public. C'est moi qui avais besoin de les aimer.

Pour l'heure, il était grand temps que je commence à m'aimer. À m'aimer assez pour tout arrêter et ME choisir. Pas me refaire par le travail, car il était évident que je ne pouvais plus fonctionner ni même penser de la même manière. J'étais une femme avant d'être une vedette. Il fallait absolument que je m'en souvienne.

Ma thérapeute me fournissait désormais les papiers mouchoir à la caisse...

7

J'avais toujours mon appartement. Or, je n'y étais jamais puisque je passais mon temps en convalescence chez mes parents. J'allais prendre de grandes marches deux fois par jour. Ça m'aidait à faire le vide. Il fallait absolument apprendre à faire le vide. Pourtant, je l'ai déjà su. Au karaté, je parvenais à faire le vide.

Une autre chose perdue en route.

On me suggérait de la méditation et d'autres formes zen de relaxation. Oubliez ça ! Je suis une femme d'action, moi. Je suis incapable de faire le vide dans l'inaction. Justement, au karaté, le vide arrivait par la concentration sur les mouvements répétitifs. Les « katas ». Un genre de chorégraphie où le combattant s'affronte lui-même. Une série de gestes et de pas comme une danse contre l'ennemi imaginaire, soi-même.

Je me souviens d'un week-end dans les Laurentides. Nous étions cinq cents « karatekas » dans une clairière au milieu de la forêt. Il pleuvait légèrement et juillet nous offrait une nuit étoilée et douce. Il y avait des flambeaux qui brûlaient tout autour de nous. Deux grands maîtres japonais accompagnaient le nôtre sur une estrade. Il était minuit. Les cinq cents karatekas faisaient les katas à l'unisson, en parfaite symbiose. Puis le « kiai ». Le cri du ventre que tous poussent en même temps. Je suis entrée dans une transe profonde, oubliant même mon corps qui ne faisait plus qu'un avec les autres.

Je pense pouvoir affirmer que ce fut le moment le plus grisant de ma vie.

Il fallait que je tâche de retrouver la karateka en moi. Avais-je oublié la seule forme de méditation qui m'avait vraiment fait prendre le dessus sur mon angoisse perpétuelle ? Voilà la solution. La méditation dans l'action. La marche, les chorégraphies ressemblant au tai-chi, les techniques de respiration, etc. Mais hélas, il fallait oublier le cri du ventre…

Je ne pensais plus au travail. D'ailleurs, je ne voulais plus penser à rien. Ma thérapeute tentait de décortiquer mes cauchemars. Je rêvais à mon ex-conjoint que je n'avais pourtant jamais revu, ni eu aucune nouvelle. Je rêvais d'une pieuvre géante qui étendait ses tentacules partout dans mon existence. Le jour, j'étais si fatiguée et perturbée que je ne vivais dorénavant qu'en pyjama. J'avais la mine tellement basse, comme dit l'expression, que je ne supportais absolument plus qu'on me reconnaisse. J'aurais souhaité effacer Jano Bergeron et juste être anonyme et garder ma douleur pour moi. Je marchais la tête basse avec des capuchons pour cacher mon identité. J'étais cernée jusqu'aux aisselles. Je n'avais tellement pas envie de répondre aux questions ni aux commentaires des gens ! Toujours les mêmes. *Tu n'es plus pareille comme à la télévision. On t'aimait avant. Pourquoi tu ne fais pas un retour ?*

Que dire… Je ne voulais pas être rude envers le public. Mais là, c'était tellement douloureux que je réagissais parfois avec agressivité. Genre : *J'ai besoin de votre amour maintenant ! Je ne suis pas une télé avec des jambes. Je suis humaine ! Il ne peut y avoir de retour. Je ne veux même pas faire un retour ! Je souffre. Pouvez-vous comprendre ça ?*

Or, je devais me répéter tellement souvent que j'ai choisi de m'enfermer et ne plus me montrer en public. Ma célébrité, je ne la supportais plus. Je la haïssais. Je voulais juste la paix. La sainte paix ! Être juste une femme. Me soigner et ne pas avoir de compte à rendre à personne.

Ma mère ne cessait de me dire :

— Voyons, Jano ! Les gens t'aiment. Tu ne peux pas effacer vingt-cinq ans de travail public. Et puis, tu devrais te considérer chanceuse, on ne t'oublie pas parce que tu as laissé de beaux souvenirs. Tu as bien travaillé. Tu t'es entièrement donnée. C'est de cela que le public se souvient. Ils ne savent juste pas comment s'exprimer.

— C'est ça ! ON M'AIMAIT AVANT !!! ai-je rétorqué avec véhémence.

Je me mettais de plus en plus souvent en colère. Moi qui n'avais jamais pu exprimer la colère autrement que par les larmes. Je ne me reconnaissais plus. Tous mes repères avaient pris le bord. Je me sentais comme une naufragée sur une île déserte entourée de requins.

Je devais accepter que mon corps ait le dernier mot. Je n'avais plus le choix. Et ça ne marchait pas. Je n'acceptais pas. Je n'acceptais rien. L'épuisement me rattrapait. Ma tête bourdonnait. J'étais bourrée de médicaments. De la morphine à plein temps pour calmer la douleur devenue chronique. J'étais « stone » du matin au soir.

Non, je ne suis pas tombée dans la drogue ni dans l'alcool. Quand des rumeurs se mettent à circuler, ça blesse jusqu'au fond de l'âme quand on nous prête des gestes ou des comportements qui n'ont rien à voir avec notre vie privée. C'est arrivé souvent par le passé qu'on m'invente une vie. J'aurais supposément eu huit enfants dont au moins deux que j'aurais donnés en adoption. J'aurais une sœur à Coaticook. Je serais un homme changé en femme. J'aurais « scrappé » ma voix avec de la drogue. Etc.

Le pire, c'était quand ces rumeurs venaient aux oreilles de mes proches, de ma famille. Ils en souffraient aussi. Ils étaient pointés du doigt et devaient subir les conséquences de ma célébrité. Souvent, ils avaient de la peine, d'autant plus qu'ils ne savaient que répondre.

Surtout que les choses continuaient à dégénérer. Je ne guérissais pas. J'arrivais à peine à me nourrir. Je ne mangeais que des purées et j'avais un point dans le dos qui ne me quittait plus. J'étais toujours à bout de souffle. Je me sentais dégringoler et j'avais peur, oui. Peur pour la première fois que mon moral m'abandonne...

* * *

Enfermée dans ma chambre, comme dans mon enfance, je me suis mise à écrire du matin au soir. Je ne peignais pas durant cette période. Mon corps était trop fragile et la peinture est un peu exigeante physiquement. Je pleurais tout le temps. Mes émotions n'avaient plus aucun contrôle. Je passais de l'abattement complet à la rage.

Je ne me reconnaissais plus. Je ne me connaissais plus.

Mes parents me laissaient vivre mes tourments sans trop s'en mêler. Ils comprenaient mon désarroi. Mais je me confiais à eux. Je n'avais personne d'autre à qui parler à part ma psychologue et mes docteurs. Les amis n'appelaient plus. Ils n'aiment pas entendre parler de maladie. Ils préfèrent parfois se tenir loin.

Seule au monde avec une face que tout le monde connaît…

Tout était à refaire. Tout. En commençant par mon esprit en détresse. J'en étais rendue au degré de tolérance zéro à tous les niveaux. Toujours sur mes gardes. Prête à rouspéter au moindre mot. J'étais devenue sauvage envers les autres. Je ne voulais plus voir personne. De toute façon, malgré l'amour que le public prétendait avoir pour moi, personne ne faisait un geste pour me le montrer.

Avoir tant donné. Avoir caché mes tourments et la vérité sur ce que je vivais dans mon foyer pour sourire à la télévision comme si ma vie était un exemple à suivre. Avoir tant ressenti le « syndrome de l'imposteur ».

Ouais…

Mon monde s'était vraiment totalement écroulé…

Le pire était pourtant à venir.

DEUXIÈME URGENCE

8

Février 2005

Péritonite… Intestin perforé. Ce qui s'est répandu dans mon ventre m'a empoisonnée presque jusqu'à la mort. J'ai une toile d'araignée dans l'abdomen. Des adhérences attachées à tous mes organes. On m'a sauvée de justesse en salle d'opération.

Je suis connectée à des machines qui entourent mon lit, qui me gardent en vie. Intubée, drainée, oxygénée, nourrie par intraveineuse. Les infirmières semblent toujours en état d'urgence lorsqu'elles s'affairent autour de mon lit.

Je suis consciente et bien éveillée. Je vois tout, j'entends tout, mais je ne peux presque pas réagir. La douleur est si vive que j'ai le bouton pour la morphine attaché à mon doigt, les horribles vomissements, la tension artérielle inquiétante, je ne suis plus qu'un corps décharné sur lequel il ne reste que la peau et les os.

Il n'y a que ma pensée de bien vivante…

J'ai tant de regrets. De remords. Je songe à tous ceux à qui j'ai pu faire du mal. Je leur demande pardon dans mon cœur.

Mon fils… Je ne cesse de penser à mon fils. Ai-je aussi raté mon rôle de mère ? Six ans sans lui. Presque sans nouvelles. Il a quitté la maison à quatorze ans pour vivre chez son père. Je ne l'ai pas revu. Que fait-il ? Est-il heureux ?

Je n'ai pas été assez présente pour lui. Je l'ai voulu, lui, le seul enfant que j'ai pu mettre au monde, et je n'ai pas su comment suffisamment le protéger.

J'ai si peur de mourir sans le revoir… Je pleure sans arrêt.

Les infirmières me disent qu'il faut cesser de verser des larmes. Ça m'épuise. Elles ont raison, je le sais. Toutefois, comment faire autrement? Je prends la main de mes parents. Un de chaque côté. Avec eux, mon monde a un sens. En dehors d'eux, je suis totalement perdue. Ils me protègent de tout. De tous.

On entre dans la chambre à pleine porte et on se plante devant mon lit. Je ne comprends pas ce qui se passe. Que me veulent ces gens? Pourquoi on me regarde ainsi? Ma mémoire ne sait plus que je suis connue. Le public, lui, le sait. Sur l'étage, le mot se passe. Une vedette dans le département…

Je suis à leur merci. Ils m'observent en faisant des commentaires que je ne comprends pas. Je ne sais plus qui je suis. Eux le savent. J'ai peur. J'ai besoin de dormir, dormir, dormir… Mais on m'en empêche. On ne veut pas que je dorme. Pourquoi? Ma mère me dit qu'il ne faut pas sombrer dans l'inconscience. Ah… ok. L'inconscience, oui. Mais inconsciente, je ne me sentirais pas comme un rat de laboratoire qu'on observe, qu'on analyse avec curiosité.

C'est horrible. Aussitôt que mes parents partent, la chambre se remplit. La dame d'à côté appelle tout son monde pour leur dire qu'elle a Jano Bergeron dans sa chambre. Je pleure encore plus. Les visiteurs des autres malades de l'étage viennent faire leur tour pour voir si c'est bien vrai…

Les commentaires... Pourquoi disent-ils que je ne suis pas comme à la télé ? Évidemment que je ne suis pas comme à la télé. Je ne me souviens pas d'avoir fait un show intubée et connectée à des machines.

Je pleure...

Je suis si fatiguée...

Ce serait si facile de se laisser glisser lentement vers la mort. Si facile...

Mais je ne veux pas glisser vers la mort ! Pas ainsi. Pas avec cette tristesse. Non. Je refuse d'abdiquer. Mon fils... Ne m'abandonne pas, je t'en prie. Ta mère t'aime plus que tout et elle aurait tellement voulu faire mieux.

J'approche la tête de mes parents pour tenter de leur parler. Ma voix n'est qu'un souffle.

— Papa, maman... Je ne peux pas mourir maintenant. Je ne peux pas... Je n'ai même pas encore eu la chance d'être véritablement heureuse.

— Tu ne mourras pas maintenant. Une guerrière spirituelle ne meurt pas ainsi...

Depuis combien de jours suis-je dans ce lit ? Le temps semble si long. Il neige. C'est donc l'hiver... Voilà maintenant qu'on ferme les rideaux autour de moi. Tout le monde doit entrer dans la chambre avec des gants, des masques et une jaquette. Qu'est-ce qui se passe ? On me dit que la dame voisine a la C. difficile. Il faut m'isoler, mais il n'y pas de lit de libre en isolation.

C'est désolant. Les visiteurs de la dame ignorent l'avertissement. Elle-même qui ne se lave pas, ne se change pas et qui sent l'urine ignore que la C. difficile est grave. Elle croit qu'elle a une grippe intestinale. Son monde traverse mes rideaux pour m'observer. Le téléphone est de mon côté, ils viennent le prendre sans se soucier de quoi que ce soit. Ils chialent que le fil est emmêlé dans mes tubes. Je dois avertir les infirmières.

C'est dangereux, ça je le comprends parfaitement. Les infirmières me disent que mon chirurgien insiste pour qu'on tente de libérer un lit pour moi en isolation. S'il vous plaît, faites vite…

Je sombre…

On veut que je m'efforce de me lever pour me peser. Non. Je suis trop fatiguée. Laissez-moi dormir… Plus tard. Laissez-moi dormir.

— NON! Madame Bergeron, réveillez-vous! Restez avec nous!

Je sombre…

Une sensation fraîche me réveille. Ma mère qui me lave tout en douceur. Maman… Papa…

Deux infirmiers m'aident à me sortir du lit. Il faut me peser. Mes jambes ne me supportent plus. Ma tête tombe sur ma poitrine. On doit faire suivre les tubes pour se rendre à la balance. On m'embarque sur la balance. Je dois me tenir pour ne pas tomber. On m'en empêche. Je fais un effort surhumain pour me tenir sur mes jambes.

Quatre-vingt-quinze livres avec toute mon artillerie…

On me recouche.

Je sombre…

Une lumière vive me réveille. Je vois des gens tout autour de mon lit. Je reconnais mon chirurgien penché sur moi.

— Madame Bergeron, il faut vous installer une voie centrale.

— Une voie centrale?

— *Pour vous nourrir. Il faut vous anesthésier. Nous vous préparons une chambre privée. Vous y serez à votre réveil...*

*** *

J'ouvre les yeux sur les visages bienveillants de mes parents. Ils me lavent. Je regarde autour de moi, il y a encore plus de machines. J'ai cette chose installée dans mon cou, reliée à plusieurs tubes. Les liquides de différentes couleurs provenant des sacs accrochés au poteau s'écoulent lentement dans mes veines.

Je trouve la force de blaguer. Je pointe les sacs et je décris chacun d'eux : celui-ci, le jaune, est ma soupe. Celui-là, le blanc, c'est le lait. L'autre le ragoût. Et le dessert en rouge. Les infirmières rient de mon délire. Elles en veulent plus. Tant que je blague, je ne pleure pas...

Mais je sombre encore...

19 heures... Le chirurgien arrive en catastrophe et m'annonce qu'il faut immédiatement faire une autre intervention. Je demande à l'infirmier qui me prépare de tenter de joindre mes parents qui ont quitté les lieux il y a à peine une heure pour aller manger et se doucher. Ils ne sont pas encore arrivés à la maison. L'infirmier appelle notre gentille voisine pour qu'elle leur fasse le message dès qu'ils rentrent.

Ils ne sont pas là quand on me mène à la salle d'opération. J'ai peur de mourir sans les revoir. Mes parents... Mon fils...

Je vous aime tant... Je veux vivre pour vous !

9

Les deux interventions ont eu lieu à dix jours d'intervalle. La dernière étant encore plus critique que la précédente. Un nœud s'était formé à la sortie de l'estomac. Une adhérence s'était enroulée autour de l'intestin, l'étranglant jusqu'à la déchirure.

On m'a de nouveau sauvée de justesse.

À mon retour de la salle de réveil, mes parents m'attendaient dans la petite chambre privée. Mon visage avait la couleur d'un pruneau. J'avais cette fois encore manqué d'oxygène. Cette nuit-là, ils sont restés près de moi et ont dormi dans des fauteuils. Amour inconditionnel, altruisme, don de soi, bonté, sécurité.

— Un parent aime son enfant pour la vie, disait mon père.

— Nous t'aimons telle que tu es, ma fille, disait ma mère.

Je suis restée connectée à ma machinerie pendant une semaine, mais je ne pleurais plus. Quelque chose en moi avait changé. Je n'arrivais pas à mettre le doigt dessus, mais je savais que j'avais failli mourir. Je m'en souvenais… Je les ai vus m'opérer. Ma cousine travaillait en salle d'opération ce soir-là. J'aurais juré l'avoir entendue sangloter devant l'urgence de la situation. Je flottais au-dessus de moi-même, tandis qu'on extirpait tous les boyaux de mon ventre pour les étaler sur la table. Soudain, les deux chirurgiens se mirent à crier des ordres. Ça courait dans tous les sens. On s'acharnait à pousser sur ma poitrine en comptant. *Nous la perdons ! Vite ! Vite !*

Personne ne m'a perdue. J'étais bien là. Vivante.

Quand on m'a enfin enlevé les tubes, je savais que la guerrière spirituelle avait gagné cette bataille.

* * *

J'ai passé un peu plus d'un mois dans cette petite chambre. J'y étais bien. Il s'est créé un vide dans ma tête. Un vide bienfaisant, apaisant, reposant. J'ai passé des heures à regarder la neige tomber, à lire Fred Pellerin et m'évader dans son univers. C'est là que j'ai créé mon « chalet imaginaire ». Je l'ai construit en bois rond au bord d'une rivière dans laquelle barbotaient des canards. Bientôt, tout le personnel de l'étage fit connaissance avec mon chalet. Les autres malades que je côtoyais également, ainsi que mon monde. J'aimais les entraîner dans mon univers. Les faire rêver un peu…

Le temps passait doucement, je dormais beaucoup, je lisais, je mettais des idées sur papier, et j'apprenais à vivre sans urgence. J'étais trop fatiguée pour l'urgence. Un matin, j'ai reçu les résultats d'une biopsie faite pendant l'intervention. On avait décelé des cellules précancéreuses localisées. Comme tout avait déjà été enlevé, il n'y avait pas de quoi s'inquiéter. De toute manière, la chimiothérapie aurait été trop difficile à supporter dans mon état, donc il valait mieux ne pas me rendre malade avec un traitement agressif, pour l'instant inutile.

Puis j'ai vu mars arriver avec sa promesse de printemps. Je ressentais une paix profonde qui me déroutait un peu. Je n'étais pas habituée à me sentir en paix. J'avais beaucoup à apprendre, à réapprendre. D'abord à me nourrir. Il fallait y aller en douceur. Une petite cuillerée à la fois. La patate pilée est devenue mon repas préféré. Et le blanc-manger. L'Hôtel-Dieu de Roberval fait le meilleur blanc-manger qui soit. D'ailleurs, en général, la nourriture est excellente dans cet hôpital.

Mon fils… Je voulais tant qu'il soit fier de moi. Mais d'abord, pour que cela puisse être, je devais apprendre à être heureuse.

Ma mère avait gardé le contact avec lui. Tous les jours, elle lui envoyait un petit mot par Internet pour lui faire savoir que je l'aimais, que je me battais pour rester en vie, pour le revoir. Je ne pourrai jamais assez remercier ma mère d'avoir fait ça pour moi. Grâce à elle, je le sentais un peu plus près de mon cœur. J'avais le sentiment que du temps m'avait été accordé pour me rapprocher de lui. Du temps pour apprendre à prendre soin de moi. Du temps pour changer les choses qui clochaient encore dans ma vie. Et du temps pour juste vivre tranquillement.

* * *

Un jour, la petite religieuse qui faisait régulièrement la visite de l'étage, est venue me voir.

— Vous êtes bien seule, madame Bergeron. À part vos parents, vous semblez avoir bien peu de visiteurs. Comment est-ce possible ?

— Oui, je suis très seule. Les gens ont leur vie, leurs responsabilités. Mes frères vivent tous loin, mais ils m'ont aidée chacun à leur manière et je sais qu'ils le feront encore. Mais ils sont loin.

— Mais ce n'est pas normal que personne ne vous consacre un peu de temps. Vous avez des amis?

— Mes amis sont à Montréal, ma sœur. Je les ai tous perdus de vue. Ceux que je suis en train de me faire ici ont leur famille, leur travail.

— Pourtant, les gens vous aiment! On ne vous appelle pas non plus? Vous avez tant donné! De plus, vous êtes d'une patience incroyable avec le personnel. Toujours de bonne humeur, toujours un sourire même pour ceux qui vous reconnaissent et viennent vous déranger.

— Le personnel a sauvé ma vie. Je me dois de les traiter avec respect. Pour ce qui est des gens qui me dérangent, je leur parle doucement et leur explique que c'est la femme qui est ici. Pas la vedette. Il faut les éduquer, ma sœur. J'aime les gens. J'aime leur dire les vraies affaires.

— Savez-vous, madame, que sur l'étage on vous surnomme la « miraculée » ?

— Vraiment?

— Vous êtes un exemple pour les autres malades. Il y en a tant que la douleur rend agressifs envers le personnel ou envers leurs proches. Parfois envers eux-mêmes! Vous, vous collaborez, vous posez des questions, vous faites confiance, vous dites merci, vous trouvez un mot pour rire. C'est très apprécié. Et vous êtes en vie! Si vous avez survécu à cette épreuve, c'est que Dieu a encore besoin de vous.

— Je ne sais pas ce qu'il veut de moi.

— En temps et lieu, vous le saurez. Je vais prier pour vous…

* * *

78

J'ai consacré ce mois à la réflexion. La petite religieuse m'avait touchée au cœur. Elle avait énoncé une grande vérité: j'étais seule. Plus que jamais. Toutefois, je n'attendais plus rien de personne. Avec les attentes arrivent les déceptions. Alors, plus d'attentes. Ceux qui voulaient vraiment me consacrer du temps se manifesteraient sans que j'aie à demander. Il était temps qu'on s'aperçoive que je n'existais pas que pour faire plaisir aux autres.

On dit que dans les grandes épreuves, on reconnaît les vrais amis. Hélas, il y en avait bien peu…

J'en ai profité pour voyager dans le temps. J'avais besoin de retrouver la petite fille que j'avais été. L'observer pour mieux la comprendre. Pour mieux me comprendre. La petite fille qui dansait sur la table quand son papa jouait de l'accordéon. Elle passait des heures à lire, écrire, créer des robes pour ses « barbies ». Elle se cachait pour bricoler ou tricoter des cadeaux à ses parents. La petite fille qui parlait beaucoup, parfois un peu trop!

Ma mère m'a raconté qu'à l'âge de seize mois je n'avais pas encore prononcé de phrase complète. Puis un jour, mon oncle Edmond qui avait eu la polio et qui marchait croche, est revenu de l'étable de grand-papa, sale, puant, débraillé, échevelé.

J'ai ouvert mes yeux tout ronds en le voyant et je lui ai dit mes premiers mots:

— Mononc Emon! Les vaches y t'ont mangé?

Il paraît qu'après il fut impossible de m'arrêter de babiller, de chantonner, de « jasouiller ».

J'ai grandi dans une maison pleine de musique et de créativité. À tous les repas, papa sortait son accordéon et jouait pendant une heure pour nous, avant de retourner travailler. Les fins de semaine, on sortait les poches de déguisements et on se faisait notre théâtre bien à nous. Quel déploiement d'imagination dans notre maison! Tout le monde s'amusait, les grands comme les petits. Il était fréquent de voir mon père avec un abat-jour sur la tête et ma mère déguisée en bûcheron.

Bien jeune, j'ai démontré des talents artistiques précoces. J'avais quatre ans quand j'ai chanté sur scène pour la première fois. Mon père faisait partie d'une association regroupant de membres qui ne consommaient pas d'alcool: les « Lacordaire ». Ils organisaient des fêtes et des événements où l'alcool était interdit. Les membres faisaient le vœu de ne pas boire non pas parce qu'ils étaient alcooliques, simplement parce qu'ils avaient choisi de ne pas boire.

J'étais bien jolie dans ma robe de chiffon saumon que maman m'avait confectionnée. Elle a toujours été une excellente couturière. Maman faisait tous nos vêtements. Ce jour-là, je portais ma plus belle robe avec des souliers pointus blancs. J'avais pour coiffure de jolis boudins avec des rubans.

Et je louchais un peu.

Je me suis avancée sans aucune gêne au-devant de la scène et j'ai commencé ma chanson, un succès de « Sœur Sourire » :

Dominique nique nique
S'en allait tout simplement
Routier pauvre et chantant
En tout chemin en tout lieu
Il ne parle que du bon Dieu
Il ne parle que du bon Dieu

Je ne me souviens pas d'avoir été accompagnée musicalement ou si j'ai chanté « a capella », mais j'ai chanté fort et juste ! Mon papa et ma maman dans la première rangée étaient très fiers de moi.

Or, il faut dire que c'était tout naturel pour mes frères et moi de se faire de petits spectacles ou de se jouer notre théâtre bien à nous. Nous étions une belle bande de complices imaginatifs et créatifs. Naturellement, quand venait le temps des mauvais coups, à quatre on pouvait se montrer inventifs.

Et nous aimions par-dessus tout nous déguiser !

Si je disparaissais de la vue de ma mère, elle me trouvait habituellement dans le fond de sa garde-robe, en train de m'habiller : chapeau, chaussures, sacoche, foulard, gants, inévitablement tous trop grands, mais parfaits pour jouer à la « madame ». En fin de compte, tout devenait prétexte à s'inventer des jeux.

Mes premières années de classe, elles, furent moins agréables, car j'étais myope comme une taupe et je l'ignorais. Il a fallu la perspicacité de l'enseignante du troisième primaire pour régler cette situation problématique. J'avais différentes difficultés qui n'aidaient pas mes notes. Je me plaignais de ne pas voir si je n'étais pas assise à l'avant. Quand je faisais mes devoirs, je me retrouvais presque toujours avec un mal de tête. On m'intimidait dans la cour de récréation. Il était facile de me pousser, je ne voyais rien venir !

Donc, enfin j'ai eu mes premières lunettes ! Lors de la balade de voiture nous ramenant à la maison, j'étais toute énervée de voir de nouvelles choses !

— Regardez cette enseigne ! C'est nouveau ?

— Non, répondirent mes parents. C'est là depuis toujours. Tu ne l'avais jamais vue !

— Et celle-là ? Elle est nouvelle ou elle était là avant ? Oooooooh ! Les jolies fleurs ! Et ça ? Etc.

Je venais de découvrir le monde à travers mes lentilles et j'étais émerveillée. Il faut dire que j'étais une enfant facile à émerveiller et que je le suis encore ! Heureusement que ce côté de ma nature est toujours resté vivant et en santé, car malgré tous les drames qui ont pu me frapper, je trouve vite le merveilleux derrière le sombre.

J'ai vu mes parents affronter les périodes sombres avec des larmes et des efforts, cependant ils n'ont jamais oublié de rire ni de faire de la musique.

Dommage qu'en grandissant j'aie trop vite oublié de rire et que faire de la musique, à la longue, est devenu un job. Il n'y avait plus de place pour l'enfant dans ma vie d'adulte. Je l'ai relégué aux oubliettes croyant qu'il y avait un temps pour l'enfance et un temps pour l'âge adulte.

Ma guérison devait passer par l'enfant. Il y avait trop longtemps que je n'avais pas vraiment ri, que je ne m'étais pas sentie légère et sans inquiétude. Comment ça pouvait être possible de réapprendre l'insouciance et la légèreté de cœur quand on lutte pour sa vie ?

S'il y avait un moyen, je le trouverais, c'était certain ! Avais-je déjà baissé les bras dans mon travail ?

Il était clair que je ne les baisserais jamais sur mon désir d'être heureuse. Malade ou pas. Mais il fallait prendre les jours un à la fois. Ne pas planifier, profiter de ce temps que j'avais. Le voir comme un cadeau plutôt qu'un fardeau.

J'étais vivante…

Il était temps d'apprendre à vivre…

10

J'ai vécu l'année suivante au ralenti. Je n'avais pas vraiment le choix parce que dans mon corps comme dans ma tête, tout fonctionnait au ralenti. J'avais de fréquentes et importantes pertes de mémoire, des troubles de concentration et de vision. Il m'arrivait de perdre l'équilibre, de sentir le décor tourner autour de moi. Je dormais très mal, quand je dormais. Mes nuits étaient agitées et je roulais dans les draps pendant des heures.

Pendant les hospitalisations on arrêtait toujours l'hormonothérapie. Je la recommençais parfois au bout de deux mois. J'avais donc le temps de sentir les symptômes de la ménopause. Insomnies, chaleurs nocturnes, fatigue générale. L'irrégularité du traitement provoquait de nombreux désordres. Les hormones jouaient au yoyo.

J'étais mal dans ma peau.

Je me suis mise à éprouver de brusques intervalles dépressifs. Tout s'effritait et parfois, pendant quelques jours, je voyais tout en noir et l'avenir m'inquiétait. Le présent m'inquiétait. Ça arrivait par vagues, comme des nausées qui viennent et repartent avant de me permettre de reprendre pied. Je me levais un matin, remplie d'espoir et d'énergie. Je me regardais dans le miroir et j'admirais la fille que je voyais. Je la trouvais courageuse. Amochée, oui. À l'évidence, on ne sort pas d'une telle aventure sans meurtrissures apparentes. Elles se voyaient par les ravages sur le corps tout comme ceux de l'âme que livrait le regard.

Amochée, oui. Mais debout et autonome.

Pas tout à fait autonome.

Lorsque je quittais mes parents pour regagner mon appartement, le CLSC m'accordait une aide domestique quelques heures par semaine pour le ménage et les repas. Et j'avais toujours besoin d'aide pour l'épicerie et les courses. Il me fallait demander ici et là presque quotidiennement.

Je devais régulièrement m'adapter à de nouvelles incapacités physiques. Mon ventre gonflé me donnait l'air d'une femme enceinte. Je me disais que ça allait se placer avec le temps, mais non, une fois l'enflure résorbée, mon ventre était toujours là. Une boule qui me rappelait celle qui avait palpité dans mes mains lors de mon voyage de retour de la Floride.

Je ne pouvais désormais plus me plier ni m'asseoir normalement dans une chaise. Il me fallait toujours être étendue ou assise dans un fauteuil qui s'ouvre pour me permettre d'avoir les jambes surélevées. Cela impliquait d'avoir à faire attention à tous mes gestes pour ne pas étirer la peau, ne pas lever plus de cinq livres, toujours m'assurer d'avoir un appui au cas où je perdrais l'équilibre, prévoir un petit escabeau pour les endroits plus difficiles d'accès, changer le rangement de toutes les armoires et les garde-mangers afin de les adapter à mes capacités. Sans oublier le respect strict de ma diète qui ne tolérait aucun écart sous peine de souffrances qui pouvaient durer jusqu'à plusieurs semaines jusqu'à ce que je me retrouve à l'hôpital avec une infection à soigner.

Aller manger ailleurs, au restaurant ou chez des proches, était dorénavant hors de question. On ne sait jamais ce qu'il y a dans leur popote. Il suffisait d'une épice, de quelques graines de tomate ou de champignons pour que je me retrouve d'urgence sur une table d'opération. Mais allez donc expliquer ça aux autres! Ça n'a rien d'évident. Il est facile de penser que ce sont des caprices, lorsqu'on regarde la situation du dehors.

Il est essentiel de mentionner que la plupart de tous les malades souffrant d'une affection touchant les intestins et le système digestif ont des antécédents héréditaires. Que ce soit le côlon irritable, ou la maladie de Crhon, jusqu'au cancer du côlon et de l'estomac, on verra couramment plusieurs membres de la même famille avec une fragilité à surveiller. Le problème semble plus fréquent chez les femmes.

Ce qui ne signifie pas nécessairement que tous vont développer des troubles. Or, le stress et le rythme de vie peut grandement influer sur la santé du système digestif. On n'a qu'à se remémorer ce que produisent les premiers frissons amoureux sur la digestion. La pression continuelle pour venir à bout de son quotidien et de celui de siens...

On s'en rend compte quand ça flanche. Il suffit de s'arrêter un peu pour sentir tous les nœuds dans le corps se manifester. Les ulcères d'estomac se réveillent. Il est si facile de heurter la susceptibilité de la digestion.

Et lorsque plusieurs membres d'une même famille ont des problèmes, chacun a ses conseils à donner aux autres : « Si je peux manger ci et ça, tu peux le manger aussi. Tu ne devrais pas boire de lait, ou manger de pain blanc. J'ai eu ce que tu as et je ne respecte pas toutes ces règles à la lettre, voyons! » Et j'en passe.

Que dire? Que chaque cas est différent. Que chaque malade a ses restrictions et permissions selon son affection.

Les cardiaques doivent tous être traités différemment. Ce qui ne nuit pas à l'un peut tuer l'autre. Même chose pour le système digestif. Mettre tous les œufs dans le même panier peut mettre une vie en danger. Alors, il faut en prendre et en laisser sinon c'est une situation qui peut devenir lassante. On finit par s'enfermer au lieu de devoir constamment expliquer le pourquoi et le comment de la maladie qu'on a.

Comme on n'en a déjà pas beaucoup, l'énergie qu'on tente de conserver se gruge. On finit par juste vouloir se protéger, rester tranquille, manger sans inquiétude, sans aucun regard analysant son assiette ou son attitude, prendre ses pilules et relaxer. Le besoin de socialiser est présent, toujours présent, mais à quel prix? De quelle manière? Personne n'est dans la peau de son voisin. Chaque individu vit sa souffrance à sa façon.

Je crois que pour un malade le pire est de réaliser à quel point il est dépendant des autres. Le réaliser est déconcertant, l'accepter est d'admettre sa faiblesse. C'est un lâcher-prise nécessaire pour arriver à avoir une qualité de vie satisfaisante. Hélas, ça ne se fait pas du jour au lendemain. Certaines étapes de ce processus semblent insurmontables. Le corps ne répond plus comme auparavant. Les idées s'embrouillent. Par moments, on tourne en rond, pas à cause d'une urgence, mais à cause de l'état d'amnésie momentané ou d'une douleur fulgurante qui vous traverse comme une décharge électrique. Le cerveau envoie au corps des signaux contradictoires.

Quand je tombais en subites crises de dépression, c'était parfois à cause de l'accumulation de ces étranges symptômes. Ça pouvait arriver pour une simple banalité. C'était comme si une chape de plomb fondu coulait sur mes épaules, se solidifiant pour les forcer à se recourber, réveillant de lointains souvenirs que j'aurais tant préféré oublier. Il m'arrivait de me demander pourquoi l'amnésie soudaine ne survenait pas pour les mémoires enfouies profondément dans l'inconscient...

Les rêves récurrents de mon adolescence revenaient me hanter. Ils m'effrayaient dans ma jeunesse, surtout que je n'ai jamais pu comprendre d'où ils sortaient ni pourquoi je les faisais. Ils m'effrayaient à présent encore davantage. Des hommes me poursuivaient avec des couteaux et tentaient de m'attraper alors que je ne me sauvais jamais suffisamment vite. Ou cette panthère noire qui voulait me dévorer et me forçait encore à fuir. Il y avait aussi cette étrange maison, remplie de pièces comme dans un labyrinthe, et tous ces symboles religieux, ces statues qui s'animaient et me lorgnaient de travers. Du sang, du sang. Il y a toujours du sang dans ces rêves.

Je n'avais pas envie de les décortiquer. D'y faire face me tourmentait. Je savais bien qu'un jour il faudrait que je fouille de ce côté, au moins pour avoir la paix dans mon sommeil si fragile. Mais j'avais une trouille terrible.

J'aurais tant souhaité le repos. Juste le repos. Cesser de me débattre comme un diable dans l'eau bénite. Même ça, je ne pouvais y avoir accès sans effort. J'avais un point dans le dos. J'avançais de travers en zigzaguant sur mon chemin, ne sachant absolument pas où j'allais me rendre, ne voyant rien devant.

Qu'est-ce qui m'arrivait ?

Jamais je n'avais connu une telle confusion. Même lors de ma séparation, j'étais traumatisée, oui, mais pas confuse. C'était une toute autre histoire ! Je n'arrivais plus à écrire ni à lire. Étais-je en train de perdre la raison ? Était-ce des symptômes de psychose ? Une maladie mentale qui se déclarait ? Je me posais de sérieuses questions. Et j'en posais à mes docteurs. Se pouvait-il que je sois bipolaire ? Maniaco-dépressive ? Schizophrène ? Je l'ai dit, j'ai toujours collaboré avec mes médecins. Si j'étais en train de perdre la boule, je voulais le savoir !

Mais non. Mon psychiatre, la thérapeute avec laquelle il me faisait travailler, mon médecin de famille, mon chirurgien, tous m'affirmèrent que je n'avais aucune maladie mentale. Je présentais des symptômes de dépression profonde « modérée » accompagnés de profonds traumatismes liés aux diverses épreuves que je ne cessais de traverser. N'importe qui de bien portant pouvait craquer devant trop de pression. Alors imaginez comment je me sentais après mon divorce et toutes les conséquences d'une telle union, mes chirurgies en série et toutes les séquelles qui s'ensuivaient.

Je vivais un dérèglement chimique. Les nombreuses anesthésies, les fortes médications, mon nerf sciatique abîmé, les migraines continuelles, les crampes abominables, la peau du ventre tellement sensible que je ne supportais plus aucun vêtement, tout cela créait le désordre hormonal qui envoyait des signaux de dépression à mon moral.

Je « court-circuitais ». Toutes les terminaisons nerveuses de mon abdomen étaient traumatisées. J'allais devoir vivre désormais avec de la douleur chronique. Et hop ! Encore une autre pilule à ajouter à mon pilulier journalier. Je bouffais plus de pilules que de nourriture. D'ailleurs, je devais aussi prendre des pilules pour tenter de m'ouvrir l'appétit.

Résultat : soixante livres de gras supplémentaires sur mon petit corps, et ce, en quatre mois environ. Jamais je n'avais autant engraissé ! Avec la boule que formait mon ventre, j'avais dorénavant l'air d'une femme enceinte de sept mois n'accouchant jamais !

Comme dans l'histoire de Fred Pellerin...

J'avais totalement perdu le contrôle de mon poids, de ma tête, de mes idées. Et je n'aimais pas mon corps. Je me regardais dans le miroir et je voyais une femme toute déformée, désormais incapable de m'habiller autrement que dans les vêtements de maternité. Et j'avais une grosse face gonflée. D'ailleurs, mes docteurs prétendaient que c'était de l'enflure. Soixante livres d'enflure... Je n'arrivais pas à me convaincre que j'allais rester ainsi. D'un autre côté, il m'était interdit de me mettre au régime pour perdre du poids. J'avais besoin de tous les nutriments possibles. Sinon, j'avais des accès de faiblesse.

Lourde. Je me sentais lourde sur mes jambes. La prise de poids s'était trop rapidement faite, je n'avais pas eu la chance de m'adapter. Mon dos en souffrait. Mes jambes tremblaient, j'étais toujours essoufflée et ma tension artérielle était trop élevée. Pourtant, je mangeais peu. Je digérais mal. Quand je digérais, je vomissais souvent.

Beaucoup de gens me demandaient quand j'allais accoucher. Je leur répondais que je « *l'avais trop dans les tripes pour le laisser sortir* ». Ça causait des rires. Et d'autres questions. D'autres fois, je sortais celle-ci : *J'ai bien hâte de l'accoucher une bonne fois pour toutes celui-là !* Trouver le moyen d'en rire m'évitait beaucoup de réponses que je ne trouvais plus.

* * *

On me suggérait de terminer l'école. J'y ai pensé un certain temps. Cependant, comme j'avais fait davantage de court-circuits chaque fois que je tentais de me concentrer sur une lecture, et que ma mémoire n'en faisait qu'à sa tête, j'ai vite changé d'idée. Même pour deux mois.

Rien que deux mois! Seulement quelques semaines...

Dire qu'il fut un temps pas si lointain où ce deux mois m'aurait paru comme deux minutes. Je m'ennuyais de la mémoire phénoménale qui me permettait d'apprendre par cœur deux chansons par jour et de les interpréter sans « Cue card » ou carton sur lequel on inscrit les textes des chanteurs ou animateurs. J'ai passé ma vie à oublier tous les noms des gens que je rencontrais, mais je n'oubliais jamais un visage, ni les paroles d'une chanson. On me taquinait au travail en me disant que j'aurais pu apprendre par cœur le bottin téléphonique au complet et le chanter à l'envers comme à l'endroit.

Non. Pas d'école. Je refusais de m'embarquer de nouveau sans pouvoir terminer. Autour de moi, on commençait à dire que je m'apitoyais sur mon sort, que j'avais peur pour rien, que je devenais négative, etc. Pourtant, je ne voyais pratiquement personne! Je tâchais de ne pas me plaindre, de jaser d'autre chose que de ma maladie quand je me retrouvais avec des amis ou de la parenté. Mais encore des questions, des questions, toujours des questions. Des « tu devrais », « il faudrait que », « à ta place », « j'ai la même chose et je fais ceci ou cela ». J'en entendais tellement que j'avais envie de me boucher les oreilles.

Pourtant, j'étais loin d'être inactive. Cette période fut extrêmement fertile et j'ai peint de nombreuses toiles. Tous les murs de mon petit appartement étaient tapissés de tableaux, du plancher au plafond. J'ai également rempli les murs de la maison de mes parents et j'ignore combien j'ai dû en donner en cadeau. La peinture demandait moins de

90

concentration que la lecture et l'écriture. En outre, c'était merveilleux de me défouler dans la couleur. Des portraits, des fleurs, des anges et des fées étaient mes sujets favoris.

La bibliothèque de Saint-Félicien me demandait depuis un certain temps de faire un vernissage. Je n'avais pas travaillé dans ce but, car je ne prenais plus d'engagements que je risquais de ne pas mener à bien, mais j'avais suffisamment de matériel pour faire une belle exposition. J'ai donc accepté l'invitation.

Si au moins j'avais été là pour l'ouverture de l'expo...

Eh oui. Hospitalisée la veille d'urgence avec une belle infection. Mes parents ont quand même fait l'installation des toiles et assisté à la première à ma place.

Je n'étais plus fiable...

11

Je recevais toujours de l'aide sociale. Mais mon attitude vis-à-vis cette situation avait changé. Il n'y avait plus de honte. J'en avais besoin et ça ne me gênait pas de le dire. J'avais très peu d'autres revenus. Je recevais de temps en temps un chèque de droits d'auteur. Le vernissage de la bibliothèque m'avait permis de vendre quelques tableaux et je commençais à avoir des commandes. Ça ne suffisait malheureusement pas pour subsister.

Je devais faire remplir des rapports médicaux aux trois mois et, plus tard, chaque mois. Ça me permettait de recevoir un montant un peu plus élevé. Je me débrouillais quand même assez bien car, en général, je me contente de peu. Ce que je réalisais par contre était intéressant. Célibataire, je parvenais à mieux budgéter qu'en couple, car, alors, j'avais tendance à tout donner à mon homme. Comme si je perdais tous mes moyens quand il y avait quelqu'un dans ma vie. Comme si l'homme pouvait faire mieux que moi.

J'ai entamé une relation amoureuse. Hélas, je n'avais pas beaucoup d'énergie pour m'y consacrer. En outre, me donner entièrement comme auparavant n'était plus possible. Je n'en étais plus capable et je n'en avais plus envie. De plus, avec tout le travail fait en thérapie, je ne pouvais tout simplement plus me lancer comme avant sans y penser sérieusement. J'étais trop farouche. Méfiante. Je savais maintenant reconnaître les signes avant-coureurs d'une relation pouvant devenir malsaine.

Cette histoire a duré six mois.

Lorsqu'il a commencé à s'installer chez moi, dans mon petit trois-pièces, je ne le supportais plus. Je me sentais envahie, on me volait mon espace, mon temps, mes nuits. Ça me rappelait tellement la façon dont mon ex-conjoint était entré chez moi pour ne plus en sortir. Ma psy me disait que lorsqu'on a un doute, un seul doute à propos d'un homme, c'est que quelque chose cloche et clochera encore davantage avec le temps.

Je crois que j'avais compris ma leçon.

Il m'était désormais impossible de penser pour deux. Du moins pas dans cette période. Pour la première fois dans ma vie, je me choisissais plutôt que de choisir l'homme. J'acceptais mon incapacité à vivre une relation amoureuse normale. En le quittant, j'ai fait le choix de ne pas chercher ailleurs, de ne pas m'embarquer, de faire de ma solitude une alliée.

Oui, se regarder dans une glace et se dire: *Tu es vraiment seule maintenant. Tu ne peux pas appuyer ta tête sur l'épaule d'un conjoint. Tu ne peux plus compter sur un homme pour te rendre heureuse. De toute façon, ce n'est pas ce qui te rend heureuse. Apprends à être heureuse dans ta solitude.*

Auparavant, j'ai toujours considéré le célibat comme un entracte. Une situation temporaire entre deux relations. Encore là, célibataire, j'étais toujours à la recherche d'un compagnon. Choisir le célibat n'avait jamais été une option. Je le vivais bien à l'époque parce que j'étais en pleine forme et je sortais, je travaillais et je m'arrangeais pour ne jamais être chez moi, car ma maison était un véritable tohu-bohu.

Mes valises restaient près de la porte. J'étais là quand j'avais mon fils. Sinon, je disparaissais le plus rapidement possible et je déménageais souvent.

Ça ne pouvait plus se passer ainsi. Ce qu'il me fallait trouver, c'était la stabilité, la sécurité, le respect de mon corps abîmé, et la tendresse... Ma dépendance affective n'avait plus sa place. Je prenais la responsabilité de moi-même et la charge était suffisamment pesante. Et si un homme devait entrer de nouveau dans ma vie, je le voulais plus solide que moi. Je refusais de jouer à la mère pour un autre.

Je n'avais pas de problèmes autres que ma santé. J'avais tout réglé, dettes, divorce, grand ménage dans les connaissances, etc. L'amour à deux demandait qu'on s'y consacre.

Je ne le voulais pas...

Je ne le pouvais pas...

* * *

Je me suis mise à observer la dynamique de mes parents. Ils ont toujours tout fait ensemble. Ils avaient chacun leurs passions individuelles. Pour mon père, c'était la musique et ma mère se passionnait pour la couture et la cuisine. Ils aimaient sortir et ma mère aime toujours les beaux vêtements. Mais pour tout le reste, ma mère s'appuyait sur mon père. Elle m'a déjà dit que sa chance avait été de rencontrer quelqu'un qui ne buvait pas et qui l'aimait fidèlement. Sinon, si elle avait eu un abuseur dans sa vie, elle aurait été incapable de se défendre. Mais mon père était bon pour elle. Il l'est toujours.

J'ai constaté que j'ai eu pour parents un couple totalement uni à tous les niveaux, même dans les pires périodes.

Par exemple, ma mère a tenu la comptabilité de la menuiserie de mon père pendant tout le temps qu'a duré l'aventure. Quand il a été obligé de fermer, il a fait un gros burn-out qui l'a fait tomber dans un état de psychose pendant deux semaines. À partir de là, ils ont tout vendu, incluant leur maison de Chibougamau, et ils sont retournés vivre au Lac-Saint-Jean.

Il reste que je n'ai pas appris à vivre sans un homme. On m'a enseigné que tout se réglait en couple. Qu'on appuyait sa tête sur l'épaule de son conjoint pour qu'il nous caresse tendrement parce qu'il nous aime plus que tout au monde et qu'il serait prêt à tout pour sa femme et ses enfants.

L'amour idéal.

Mes trois frères et moi, on formait une belle bande d'inséparables. Les Bergeron arrivaient toujours en gang. Frères et cousins, ils me protégeaient. Ils étaient « mes hommes ». Donc, en grandissant avec un couple totalement dévoué l'un à l'autre et des frères qui m'aimaient et me le démontraient, j'ai toujours cru avoir besoin d'un homme pour me protéger.

Je suis devenue une fille de gang, s'entendant bien mieux avec les hommes que les femmes. Dans mon travail, j'ai toujours été entourée d'hommes. Musiciens, techniciens, gérants, tous mes amis étaient du sexe masculin. Comme je chantais beaucoup dans les clubs gays au début de ma carrière, j'y ai rencontré mes meilleurs amis. Je voyageais avec des hommes… Sans eux, je n'étais rien. Sans musiciens pour l'accompagner, une chanteuse n'est pas grand-chose même si elle est talentueuse. Pour la télé, même chose. Sans l'équipe technique et tous ceux qui sont derrière les caméras, maquilleurs féminins ou masculins, coiffeurs et coiffeuses, caméramen et producteurs, un artiste va continuer à chanter et jouer dans son sous-sol.

Donc, fille de gang qui s'arrangeait pour ne jamais être seule. Quand je l'étais, je cherchais de la compagnie. Quand j'avais de la compagnie, je criais mon besoin de silence pour écrire ou apprendre un texte, ou juste pour m'éloigner du bruit. Je ne supportais pas le bruit. L'insomnie est l'ennemie des bruits. Bizarre, me disait-on, que je fasse de la musique pour gagner ma vie alors que dans mon intimité, je n'en écoutais pas.

Je n'en écoute toujours pas. Et je suis toujours allergique aux bruits.

Bref, pour m'isoler du bruit, tous les moyens étaient bons. Bouchons d'oreilles, bruits de fond, masque pour les yeux, visualisation, pensées positives et j'en oublie sûrement. La musique trop forte m'agressait, la télé également, les gens qui se crient par la tête et se lancent des assiettes, le trafic, les voisins d'en haut qui font un boucan d'enfer à trois heures du matin, les ronflements.

Je me rappelle une voisine de chambre à l'hôpital qui ronflait tellement fort que tout l'étage passait la nuit blanche. Un matin, elle me dit : *Aaaaaah ! Que j'ai bien dormi !* Le lendemain, les infirmières distribuaient des bouchons à tous les patients.

Donc, pour en revenir à ma gang, j'ai l'impression d'avoir passé ma vie à reproduire cette dynamique que nous avions tous ensemble.

Et je voulais l'amour idéal.

J'avais et j'ai toujours tendance à faire rapidement confiance aux gens que je rencontre. Je suis quelqu'un de sociable et je me dis que tous ont du bon au-dedans. Par contre, j'avais la fâcheuse habitude de les laisser entrer dans ma vie comme dans ma maison. Je parle des mauvais garçons et des profiteurs qui m'imposaient, sans le savoir, la sublime mission de les aimer tellement qu'ils en arriveraient à changer. Mais ça ne marchait pas. Personne ne changeait au point de ressembler à mon père. Mes hommes ne pouvaient devenir mon père.

Personne n'était mon père et tenter de le chercher ailleurs que dans les bras de ma mère était une quête illusoire.

Je me suis donc retrouvée devant mon miroir, à me regarder pour de bon. Pas à travers les yeux d'un homme mais avec les miens. Je ME faisais face et je réalisais à quel point la recherche de l'amour m'avait entraînée dans une ronde infernale, car je tombais en amour avec l'amour et je sautais tout de suite dans le bateau sans prendre le temps de vraiment connaître l'autre. Je n'avais pas de patience et surtout, je refusais dès le départ de voir les problèmes à venir. Les signaux, cependant, étaient présents, mais je me fermais les yeux.

La prudence était pour les autres.

La dépendance affective est comme n'importe quelle drogue. On ne peut s'en passer. Il faut se sevrer et ensuite résister à la tentation. La seule différence, c'est qu'on peut se passer de drogue. Pas d'amour. Si cet amour ne se donnait pas à un compagnon, il fallait le transférer ailleurs dans ma vie.

Aimer les miens, mes proches. Me rapprocher de mes frères.

Et moi ? J'étais qui, moi ? Étais-je aimable ? Est-ce que je pouvais m'aimer assez pour cesser de me chercher dans mes relations ? Pouvais-je me trouver belle sans que ce soit pour quelqu'un d'autre ? De toute façon, le regard des autres m'était aussi difficile à supporter que de m'en passer.

C'était un nouveau début. Une relation avec moi-même. Je voulais savoir d'où je venais. J'adorais questionner mes parents ainsi que mes tantes et oncles favoris sur leur enfance, le début de leurs amours, leurs rêves, leur vie de famille, etc. J'ai également renoué avec des amitiés de mon enfance. Entre autres, une cousine qui est aujourd'hui la personne la plus proche de moi. Dès que nous nous sommes retrouvées, elle m'a immédiatement consacré du temps malgré sa vie occupée. Dès le départ, son époux m'a ouvert son cœur sans me connaître.

Ils sont toujours là, fidèles et dévoués.

Grâce à des gens comme eux, j'ai compris que j'étais aimable. Et qu'avec de bonnes personnes dans mon entourage, j'étais capable de me passer d'un homme dans ma vie. Même si tout autour de moi, il n'y avait que des couples, il fallait que je me consacre à moi-même.

Mais c'est loin d'arriver en un claquement de doigts. De gros efforts m'attendaient. Beaucoup de larmes, de sentiments d'échec, un lit vide, l'obligation de me brasser pour ne pas avoir le désir de partir à la recherche de quelqu'un, refuser les rencontres que des connaissances me proposaient, tourner le dos aux flatteurs mielleux pour mieux me soigner, corps et âme.

Désormais, tous les matins, je prenais le temps de me regarder dans mon fameux miroir et de me dire un petit bonjour. Parfois, je me faisais la conversation, certains jours, je m'engueulais ou je me regardais pleurer.

Apprivoiser la solitude est devenu mon but.

12

Un an après mes dernières chirurgies, le gouvernement voulait me remettre sur le marché du travail.

Non !

Je ne me sentais tellement pas prête !

On proposait de me réorienter. Mes médecins continuaient à me signer des rapports médicaux, mais ce n'était plus suffisant. J'ai eu beau leur expliquer que je risquais de m'embarquer dans quelque chose que je serais incapable de finir, rien n'y faisait.

— Tu pourrais terminer ton école ? me suggérait l'agente. Seulement quelques semaines...

Seulement quelques semaines ! Encore ! Il n'en était pas question.

— Madame, je ne retournerai pas à l'école. Même pour quelques semaines. J'ai de sérieux problèmes de mémoire, ce qui fait que je n'arrive plus à apprendre mes leçons. Je ne vivrai pas ça.

— Vous pourriez alors participer à un programme de réinsertion sociale qui ne demanderait pas votre secondaire 5.

— Bon... Qu'avez-vous à me proposer ?

— Comme vous avez des troubles de concentration, on doit oublier le travail de bureau.

— Je ne suis pas intéressée à travailler dans un bureau.

— Nous avons alors quelque chose qui pourrait être dans vos cordes! Aménagement paysager. Vous devez donner seulement quelques heures par semaine.

— Aménagement paysager? Je ne peux pas faire ça. Même pour quelques heures par semaine! Je ne peux pas travailler physiquement. Je n'arrive plus à me plier, car mon ventre est gros et dur. Je n'ai pas de capacité. Je risque de devoir annuler à tout bout de champ. C'est ce que vous voulez?

— Non... Évidemment non. Bon. Pour l'instant, je n'ai rien d'autre à vous proposer, mais je vous rappelle dès que quelque chose se présente? Ça démontrerait votre bonne volonté.

— Si vous voulez. Mais j'aime autant vous dire que si j'étais capable de travailler, je me trouverais quelque chose immédiatement dans MON domaine sans avoir besoin d'école ou de réorientation. Apprendre du nouveau à l'âge que j'ai avec la santé que j'ai, c'est trop ardu. Et mon moral ne suivra pas. Pour ce qui est de la bonne volonté, ce n'est pas ça qui manque, madame!

— Bon. Alors nous allons attendre de vos nouvelles en espérant que vous allez collaborer quand nous aurons quelque chose pour vous.

Collaborer. J'ai toujours collaboré! Autant avec le gouvernement qu'avec mes docteurs. Et voilà que je me sentais comme si on me prenait pour une paresseuse. J'ai payé des taxes pendant plusieurs décennies, je n'ai jamais touché de prestations de chômage et j'ai toujours travaillé. Maintenant que j'en avais besoin, on voulait me pousser à retourner travailler!

Si je voulais avoir la paix, j'allais être obligée de faire des démarches. Je n'étais tellement pas prête! Or, il n'y avait pas moyen de faire autrement.

J'allais devoir bouger.

J'ai touché à beaucoup de choses différentes dans mon métier, cependant je n'ai jamais fait de radio. Comme j'aime placoter, je me suis dit que ça pourrait être une possibilité intéressante. En attendant, j'ai fait ouvrir un dossier de travailleur autonome pour mes peintures et les quelques droits d'auteur qu'on me coupait tout le temps. Je les recevais pour rien puisque je les redonnais au gouvernement.

Je suis donc allée rencontrer le directeur régional de Planète 100,3. On m'a donné un emploi de fin de semaine. Les samedi et dimanche matin. Le hic était que je devais me rendre à Dolbeau. De Saint-Félicien à Dolbeau, il y a environ quarante minutes de route. Pour débuter à 5 heures du matin, je devais partir à 4 heures. L'été, ça aurait été simple. Mais on était en hiver. Il fallait déneiger l'auto en espérant qu'elle parte. Cependant pour deux jours semaine, je pouvais m'organiser.

Un couple d'amis de mes parents m'a offert de me loger lorsque j'étais à Dolbeau. J'ai accepté leur offre. L'heure de sommeil supplémentaire que je gagnais ainsi était la bienvenue. Car c'était dur. La route me faisait peur, j'avais tendance à m'endormir au volant de ma vieille Oldsmobile bleue.

Il fallait que je me facilite les choses.

Le travail d'animatrice radio m'a séduite immédiatement. Sauf que, en région, contrairement aux radios de la métropole ou de Québec, on doit tout faire. Technique autant qu'animation. Les pubs aussi. Ce qui au départ avait semblé facile était loin de l'être. Je devais à présent apprendre à travailler avec des logiciels, des consoles de son, créer des pubs et courir entre deux studios pour faire mes tâches. Sans compter la recherche que l'animateur devait faire entièrement.

Et ne pas oublier de répondre au téléphone !

Le public aimait mon travail d'animatrice. Je m'amusais bien, en fait. Si ce n'avait pas été de la technique, ç'aurait été génial ! Mais encore une fois, pour une dizaine d'heures par semaine, je me disais que je pouvais passer à travers. Au moins, le gouvernement me laissait tranquille.

Or, à peine quelques semaines après mon embauche, mon patron m'a demandé de remplacer la fille qui faisait les matins et après-midis de semaine. Je ne savais plus trop que faire. J'avais besoin d'argent, c'était évident, mais étais-je capable de le faire ?

J'ai pris le risque. L'agente avec qui je faisais affaire au gouvernement m'a alors proposé un programme. Si on gagnait au moins deux cents dollars par mois, on pouvait avoir droit à une subvention du gouvernement pour la réinsertion et l'encouragement. Deux cents dollars (supplémentaires ?) par mois me seraient alloués.

Parfait.

J'allais prendre ce job en espérant en venir à bout.

J'ai alors quitté le petit appartement que j'habitais depuis trois ans pour déménager à Dolbeau. La décision de partir de ce petit refuge douillet ne fut pas facile à prendre. C'était la première fois que j'avais vraiment un endroit qu'il m'attristait de quitter. J'y étais à l'aise et j'avais réussi à atteindre une stabilité dans mon état de santé parce que c'était un espace qui me faisait du bien. Mais je n'avais pas les moyens de payer deux loyers !

J'ai trouvé là-bas un logement situé juste en face de la station de radio. Ainsi, je n'avais qu'à traverser la rue pour aller travailler. De plus, comme c'était des heures coupées, j'allais pouvoir retourner faire des siestes chez moi.

* * *

Je dois revenir à ce que mon médecin pensait de tout ça. Tout d'abord, pour quelques heures de week-end, il n'était pas trop inquiet. Évidemment, il comprenait que je n'avais pas vraiment le choix si je voulais la paix avec Emploi Québec. Il ne pouvait faire plus pour les rapports médicaux. Ils étaient libres, à l'autre bout, de les accepter ou les refuser. Ou de demander l'expertise d'un de leurs médecins. Bien que ça ne me soit jamais arrivé.

Or, quand je lui ai annoncé que ça devenait un travail à plein temps, il a formulé des inquiétudes et des avertissements. Il avait peur que ce soit trop pour ma capacité.

L'avenir lui a donné raison.

Me voilà donc déménageant à Dolbeau, loin de mes parents. Trop loin. Je devais me refaire une vie sociale et de nouveaux amis dans cette nouvelle ville. Mais avec les heures qu'on m'avait données, il n'y avait plus moyen de sortir.

Ou rarement.

Je me suis retrouvée encore plus seule. Et en peu de temps, la charge de travail s'est tellement alourdie que ma tête refusait de suivre. Lorsque le cadran sonnait à 4 h 30 du matin, je devais me traîner pour m'habiller et me préparer pour le boulot. Les médications que je prenais me rendaient somnolente. Il me fallait faire des efforts terribles pour parvenir à rester suffisamment éveillée et avoir de l'énergie en ondes.

Après un certain temps, je n'y arrivais plus. Je me suis assise avec mon supérieur pour lui expliquer qu'au départ, si j'avais pris le job, c'était parce que c'était du temps partiel et que, du jour au lendemain, je m'étais retrouvée à travailler sept jours sur sept, ce qui était loin d'être facile. Le fait aussi qu'on me considérait comme la remplaçante officielle de tous les animateurs de la station faisait en sorte que je n'avais plus aucun répit. Il fallait réduire mes heures, sinon je risquais de ne pas tenir le coup.

D'ailleurs, je commençais à faire des erreurs techniques. De gros trous en ondes parce que j'avais oublié une pub, ou autre chose. Gérer les logiciels et les consoles était trop pour ma tête. J'en étais incapable. Ça ne rentrait pas. Même avec le temps, je n'arrivais pas à apprendre. Au contraire, c'était de pire en pire. Le fait de courir entre deux studios me demandait trop physiquement. N'oublions pas que j'avais soixante livres de trop sur la carcasse et un ballon de basket dans le ventre. Ne pas paraître essoufflée en ondes demandait un tour de force. Mes techniques de chanteuse me servaient.

Mon patron a engagé un stagiaire et a réduit mes heures. J'allais désormais faire cinq jours semaine. Deux jours de congé! J'allais pouvoir sortir à l'occasion, vivre un peu et récupérer du sommeil.

Le seul moyen possible que je voyais pour me divertir et rencontrer du monde était un gym. Je me suis donc inscrite dans le but de ne pas trop pousser la machine, mais je voulais tenter de perdre un peu de poids et régulariser mon sommeil en faisant de l'exercice.

J'y suis allée trois fois…

Mes premiers deux jours de congé! Je crie de joie dans ma vieille bagnole! Wahooooou!

Je m'ennuyais de mes parents. Vraiment. Je ne les avais pas assez vus ces derniers temps. En fait, je n'avais presque pas eu de congés depuis que j'avais commencé ce travail. Je ne faisais que dormir et travailler. Et mon sommeil était perturbé. Je n'arrivais pas à dormir le jour. Je n'y suis jamais parvenue de ma vie.

J'étais si contente de retrouver le calme de leur maison. Je savais que je pourrais bien dormir au moins deux jours.

Ma bulle a explosé quand je suis arrivée chez mes parents. Aussitôt rentrée, le téléphone a sonné. C'était mon patron qui avait un urgent besoin de moi pour remplacer un collègue. *C'est pas vrai!* Je venais de me taper une tempête de neige sur la route, j'étais épuisée et je ne pouvais pas retourner là-bas le même soir. Il fallait que je dorme!

J'ai négocié cette nuit de sommeil pour retourner le lendemain.

J'étais en train de devenir une vraie « zombie ».

Travailler de nuit a toujours été un cauchemar pour moi. Que ce soit dans les cabarets, à la télé ou à la radio, je n'ai jamais pu m'adapter. Mon horloge biologique est réglée avec le soleil. En outre, en tant qu'insomniaque de longue date, je n'arrivais à dormir que trois ou quatre heures par nuit. Souvent, je me tapais une série de nuits blanches. Lorsque l'heure de travailler arrivait, j'étais si fatiguée que je comptais les heures jusqu'à la fin en espérant pouvoir enfin dormir.

Pour arriver à faire mon travail à la radio, je devais me coucher à 18 h 30. Je dormais un peu, quelques heures, mais le moindre bruit me réveillait. Mes voisins d'en haut rentraient aux petites heures du matin avec leurs grosses bottes et traînaient leurs grosses chaises sur le plancher de bois, faisaient leur grosse lessive à trois heures du matin alors que leur gros chien courait après son gros os.

Fini le dodo. Je commençais à faire la toupie dans mes draps jusqu'à 4 h 15, heure de mon lever. C'était épouvantablement dur. Je luttais contre ma médication, je cognais des clous au-dessus de mes céréales. Je devais me remuer pour tenter de garder mon attention sur ce que j'avais à faire.

Il m'est arrivé de glisser en pleine rue, la nuit, dans la tempête, et de m'affaler de tout mon long en travers du chemin. Mon ventre capotait.

Je capotais.

Je faisais de plus en plus d'erreurs. Pas seulement avec les logiciels, mais également en ondes. La fin de semaine, j'étais fin seule dans les studios. Il fallait tout faire. J'oubliais la météo, je ne courais pas assez vite entre les deux studios et j'étais en retard pour la mise en ondes des nouvelles ou j'oubliais de parler des événements sportifs régionaux ou encore, je me trompais dans mes chroniques artistiques, je faisais mal ma recherche, je faisais les avis de décès de la veille. Heureusement que je ne me suis jamais trompée de personne !

Je capotais.

Les courts-circuits s'aggravaient.

13

Presque six mois s'étaient écoulés depuis le début de mon emploi à la radio.

Disons que je ne m'attendais pas à ce que mon médecin me félicite pour l'état piteux dans lequel j'étais. Et il avait de bonnes raisons d'être mécontent. Je dépérissais. D'un commun accord, nous en avons déduit qu'il fallait changer la situation avant que je tombe en morceaux. Ralentir mes heures ne pouvait pas se faire. La station avait besoin d'un employé pouvant occuper ce poste et soutenir cette charge de travail. Il était clair que je n'étais pas cette personne-là. C'était trop exigeant physiquement et ça demandait énormément de la tête. Trop d'apprentissages.

Il était temps de songer à remettre ma démission…

Je me pognais la tête à deux mains. J'aurais voulu m'arracher les cheveux. Je venais de me planter de nouveau et ce déménagement avait été une grave erreur… J'allais faire quoi maintenant?

Il me fallait d'abord parler à mon supérieur et mes collègues et ensuite décider de ce que je ferais de ce logement que je n'aimais pas et de cette ville où tout était à refaire si je choisissais d'y rester. Je n'avais pas l'énergie ni le courage de tout reprendre à zéro.

Mon supérieur était un homme compréhensif et compatissant. Il n'était d'ailleurs pas insensible à ma situation.

Il me voyait dépérir et en était désolé. Idem pour mes collaborateurs. Nous savions que le public appréciait énormément mon travail et que mes erreurs ne paraissaient pas trop, car j'étais loquace et je trouvais toujours le moyen de me rattraper autrement.

Je comprenais que ma compétence et mon professionnalisme n'étaient pas mis en cause. Toute l'équipe et moi-même savions que quelques années plus tôt, j'aurais probablement pu prendre cette charge de travail les yeux fermés, les doigts dans le nez !

Leur demander de s'adapter à mes incapacités n'avait aucun sens. Il leur fallait quelqu'un en santé pour me remplacer. Ils étaient conscients qu'on m'en avait demandé beaucoup et trop vite, cependant j'aurais pu refuser. J'ai surestimé ma résistance. Personne ne m'a forcée. J'étais en partie responsable.

Toutefois, avant que je quitte mon poste, mon supérieur a pris la peine de m'écrire une lettre de recommandation pour un futur emploi.

Je ne l'ai jamais utilisée.

On peut dire que je me retrouvais devant un gros dilemme…

* * *

Une autre tentative qui échouait… Combien pouvais-je en prendre de ce genre avant de « péter » ma coche ?

Aucune.

J'ai « pété ma coche ».

Je suis tombée dans un état de rage et de rébellion sombres. Je refusais de rester à Dolbeau. Je ne connaissais presque personne à part un oncle et une tante qui venaient me visiter de temps à autre. Je n'avais pas eu vraiment la chance de mieux connaître mes collègues.

Je n'avais donc personne qui pouvait me retenir ici. Rien ne me retenait à Dolbeau. Repartir à la recherche de travail dans une nouvelle ville, du nouveau monde?

Non, non, non et non!

Je m'ennuyais de mon petit trois-pièces que je n'aurais jamais dû quitter. Déménager à nouveau… six mois à peine… Où? Retourner à Saint-Félicien? Mes parents voulaient toujours m'ouvrir leur maison. Mais est-ce que j'allais encore aller me réfugier chez eux? Je ne voulais pas! J'avais des meubles maintenant. Ce n'était plus la même histoire!

Je bouillais. J'en avais tellement marre que j'aurais brisé tout ce qui se trouvait devant moi. J'aurais défoncé un mur. La première fois que j'ai ressenti une telle rage, c'était lorsque je me défoulais sur un sac de frappe jusqu'à ce que mes jointures saignent, en songeant au mal que me faisait mon ex, et la deuxième est quand j'ai éclaté au visage du même ex. Finalement, tous mes états de rage bifurquaient vers le même responsable…

Cependant, nous savons, vous le lecteur tout comme moi l'auteure, que personne n'était responsable de cette rage. L'accumulation des essais qui tombent à l'eau était le grand coupable. Dans cet état, je choisis habituellement de fuir, tout foutre en l'air, tout jeter par-dessus bord, disparaître de ma vue et de celle des autres.

C'est exactement ce que je me préparais à faire.

Retourner à Saint-Félicien n'était pas du tout dans mes options. De toute façon, je n'avais pas de projets. J'étais dans les limbes et je me débattais avec mon envie de « sacrer mon camp ». Où? Pas du nouveau, ohhhh non!

Entre-temps, j'ai appris que je n'avais pas travaillé assez d'heures pour le chômage et qu'il me faudrait rembourser une partie de la subvention si je ne continuais pas à gagner mon deux cents dollars par mois.

Ouais...

Pile ou face?

La madame cherche un job ou se remet sur l'aide sociale?

Rébellion!!!

* * *

Dans les derniers temps de la radio, j'avais rencontré quelqu'un sur Internet. Mes bonnes résolutions ont pris le bord! Je désirais tomber en amour. Je voulais savoir où cette relation pouvait mener, je voulais retrouver ma vie d'avant. Je voulais mes amis, un homme dans mon lit, je voulais mes contacts et mes anciens collègues de travail. Je voulais du connu. Je voulais mes repères.

Mais par-dessus tout, je voulais revoir mon fils.

Après tout, je n'avais pas choisi de rester au Lac-Saint-Jean. C'est un concours des circonstances qui avait décidé à ma place. Toutefois, là, je pouvais changer le cours des choses.

Je savais que je n'avais que quelques coups de fil à faire à Montréal pour avoir du boulot. Je voulais mes repères et au diable le reste! Au diable la thérapie, la réinsertion sociale, les courts-circuits, ma faiblesse physique, les avis des autres. Je dis-pa-rais!

Voulez-vous une belle rechute?

En voilà, une belle rechute!

Une vraie de vraie et assumée.

112

Grave et incontrôlable.

En l'espace d'une semaine, j'avais tout organisé pour retourner à Montréal. J'avais logé un appel à l'école de chant où j'avais déjà enseigné. On m'attendait. Quelques autres coups de fils ici et là et d'autres possibilités s'ouvraient à moi. J'avais pris rendez-vous avec mon ancien médecin de famille.

J'allais partir et le fait que j'allais au moins avoir un médecin pour veiller sur moi une fois là-bas suffisait pour me convaincre que tout irait bien. Je me disais qu'en travaillant moins fort physiquement, ce serait plus simple. L'école de chant était parfaite. On ne m'avait jamais interdit de chanter après tout. Faut dire que je n'avais jamais posé la question.

J'avais refusé toutes les offres de spectacles pendant mon aventure radiophonique puisque mon horaire était déjà tellement chargé. Je n'avais donné qu'un tour de chant devant une petite salle comble. Je tenais mon ventre à deux mains pendant les grosses notes.

On me croyait enceinte.

* * *

Ma décision subite de m'en aller dans la métropole était loin de faire l'unanimité. Mon médecin se sentait un peu moins inquiet puisqu'un de ses collègues m'attendait là-bas, mais il ne sautait pas de joie non plus. Même qu'il avait peur pour moi. J'allais partir alors que j'étais loin d'être solide. Ma thérapeute ne me cria pas de bravo pour mon initiative !

Il était clair que c'était une fuite.

Pour mes parents, le coup fut très dur. Mon soudain revirement les sidérait. Ils pouvaient comprendre mon désespoir et tentaient de sonder mes états d'âme. Ils auraient voulu que je revienne dans leur maison. Je refusais. Plus rien ne pouvait me retenir. Je les ai quand même rassurés en leur exprimant l'intention de n'y aller que pour l'été. Ensuite, selon la façon dont les choses progresseraient, je déciderais.

Ils comprenaient aussi que mon fils me manquait terriblement, que je devais faire les premiers pas pour le revoir et que je ne cessais de penser à lui à chaque jour qui passait. Je m'en allais en catastrophe, mais au moins pour mon fils, je leur disais (et je me disais) que ça vaudrait le coup.

J'ai entreposé mes meubles dans leur garage, ensuite j'ai rempli à craquer ma bonne vieille Oldsmobile. Je n'avais pas vraiment décidé d'y aller seulement pour l'été. J'y allais pour tenter de rester. Cependant, au fond de moi, une petite voix me disait que j'étais en train de commettre la pire gaffe de ma vie.

Pendant le trajet entre Saint-Félicien et Montréal, mon silencieux s'est mis à faire d'étranges bruits. La pétarade a débuté. Puis, je me suis aperçue qu'il y avait des flammèches derrière moi.

Oups…

J'étais sur une route isolée. J'ai toujours fait ce trajet en passant par la route menant à La Tuque. C'est plus court, mais en revanche, c'est au milieu de nulle part pour une bonne partie du trajet. De plus, en plein dimanche, trouver un garage ouvert, c'était comme chercher le père Noël.

J'ai quand même réussi à atteindre une station d'essence. Pas de garagiste… Et le morceau en question était presque entièrement détaché du véhicule.

Bon…

J'ai tout simplement fini d'arracher le morceau qui ne tenait que par un fil et je l'ai embarqué dans le véhicule. Ça puait l'essence à plein nez.

Je suis finalement entrée à Montréal en toutes pompes, la pétarade me suivant tout comme le policier dont le gyrophare tournait au même rythme. Ma vieille Oldsmobile avait plutôt l'air d'un char allégorique. Il ne me manquait que la fanfare pour faire une entrée spectaculaire, bien malgré moi!

Mes bagages ont senti l'essence pendant deux mois…

* * *

Il n'y a qu'à moi que ce genre de mésaventure arrive. J'ai des anecdotes de bagnoles à la pelle! Je ne peux terminer ce chapitre sans en raconter quelques-unes, car elles me revenaient toutes en tête pendant ce trajet. J'ai tellement ri de la situation que j'ai revisité ces souvenirs.

Je ne pourrai jamais oublier cette promo que j'allais faire à Québec en 1987, pour le lancement de mon second album. À ce moment-là, je conduisais une Dodge Colt, un bon vieux « bazou » qui m'avait toujours été fidèle jusqu'à ce moment-là. J'arrive donc dans la cour de la station de radio où allait se produire la rencontre avec le public et la signature d'autographes. La foule m'attendait en scandant mon nom: JANO! JANO!

Y avait du monde!!! C'était super. Jusqu'à ce que j'essaie de sortir de la voiture. Les portes n'ouvraient plus. Pas moyen de sortir du véhicule. La seule manière était de le faire par la vitre. Or, il se trouve que je m'étais mise sur mon 36: crêpage style champignon nucléaire, jupe fourreau enserrant les genoux, talons aiguilles vertigineux. L'uniforme idéal pour s'extirper par une fenêtre de bagnole.

Me voilà donc, le derrière en l'air, car c'est la première partie du corps que j'ai tenté de faire passer. D'abord le postérieur, sous les applaudissements des fans qui rigolaient de la situation, ensuite soulever une jambe. Avec la jupe en question, les jambes arrêtaient aux genoux. Je sors une jambe, talon haut en premier, les applaudissements augmentent en force. Je sors l'autre jambe, les cris s'intensifient. Finalement, quand mon champignon nucléaire a fait son apparition, c'était le délire.

Ce fut la plus belle rencontre avec mes fans de toute ma carrière.

Cette deuxième anecdote est plus personnelle mais tout aussi rigolote. Je revenais de Granby avec mon accompagnateur après un spectacle, au volant de ma Lada, bazou par excellence. Nous étions en plein milieu de la nuit. La pluie était si forte qu'elle formait un rideau opaque alors que mon essuie-glace était brisé. Il manquait la partie qui nettoie.

— Nous devons arrêter, dis-je à mon ami. Je ne vois plus rien et je m'endors. C'est dangereux.

Je me rangeai sur le bord de la route.

Mon ami me dit qu'il avait une solution pour mon essuie-glace. Il est sorti fouiller dans sa valise. Sur le coup, j'ignorais de quel vêtement il voulait se servir, mais je me suis dit que c'était probablement une bonne idée. Je me suis tordue de rire quand je l'ai vu accrocher à mon essuie-glace... une paire de bobettes! Elles ont fait l'affaire, car nous avons pu reprendre la route et les bobettes de mon ami se révélèrent être d'une efficacité exceptionnelle.

Inutile de dire que ce fut la route la plus amusante de toute ma carrière. Mais, ce n'est pas tout.

Lorsque j'ai stationné la voiture en arrivant à la maison, j'ai oublié l'objet suspect sur mon pare-brise. Le lendemain matin, quand je sortis sur le balcon pour mon café, il y avait deux hommes plantés devant ma Lada, l'un avec le regard perplexe, l'autre me lançait des couteaux avec ses yeux. Le premier était mon propriétaire qui déjà m'avait prise en grippe. Les célébrités peuvent parfois se faire détester sans aucune raison valable à part celle d'être une célébrité. Il venait d'avoir son coup de grâce à mon sujet. Des bobettes dans mon pare-brise !

J'étais une « salope ».

L'autre était mon chum du moment. La jalousie déformait ses traits. Il entra dans une colère noire sans me donner la chance de m'expliquer.

J'étais une « salope ».

Je l'ai foutu à la porte.

Peu de temps après cet événement, la Lada partit finir ses jours à la cour à « scrap ». Même là, la cour à « scrap » fut difficile à convaincre.

C'est avec ces souvenirs hilarants que je suis arrivée chez l'ami avec qui j'allais habiter pour les mois suivants, sur le Plateau-Mont-Royal.

J'ai dû attendre pendant près d'une semaine avant de sortir mon bagage.

Odeur obligeait…

— Tu ne peux jamais rien faire d'ordinaire, toi ! me lança mon nouveau colocataire.

— C'est pour ça que tu es mon ami…

— Coudonc! Es-tu enceinte? Depuis quand t'as des bras de « matante » ? Ma foi du bon Dieu! Change un peu d'allure, sinon ton fils va avoir peur de toi!

Ce cher ami, que je considérais comme mon époux spirituel, n'avait jamais mâché ses mots quand venait le temps de se dire les quatre vérités.

Faut admettre que j'avais besoin de me prendre en main physiquement. J'avais vécu en pyjama trop longtemps.

14

La première chose que j'ai faite en arrivant à destination fut d'entrer en contact avec mon fils. J'avais quitté, six ans plus tôt, un adolescent de quatorze ans et je me préparais à revoir un homme. Si, évidemment, il acceptait de me rencontrer.

Ma relation avec lui avait toujours été compliquée. Son père et moi ne nous étions pas quittés en bon termes et malgré nos bonnes intentions, notre fils a été déchiré par nos querelles, et même si on dit qu'un enfant oublie vite, c'est tellement faux. L'enfant a les yeux bien plus ouverts sur la réalité des choses que les adultes qui, eux, les ferment volontairement et plus souvent qu'autrement. L'enfant enregistre tout, assimile tout comme une éponge. L'enfant ressent l'animosité qu'ont ses parents l'un envers l'autre, même si on fait semblant que tout va.

J'aurais idéalement souhaité lui éviter ça.

J'ai voulu cet enfant. Nous l'avions tous les deux désiré et planifié. J'ai eu une belle grossesse et j'ai donné des spectacles jusqu'au sixième mois. Jusqu'à ce que je sois piégée par *Surprise surprise*. Ceci n'aurait jamais dû arriver à une femme enceinte. Mais les instigateurs du gag n'avaient pas songé à cela. Le gérant que j'avais à l'époque ainsi que ses complices n'ont pas fait mieux.

Tout le monde a vu ce gag : « Le gars en ski qui passe par la fenêtre ». Le public l'a trouvée bien bonne. Mais quand je leur explique ce qui s'est véritablement passé, on rit moins. En effet, à la suite du gag, je me suis tapé une pneumonie et j'ai fini ma grossesse à l'hôpital Sainte-Justine.

Mon fils est né prématuré de sept semaines. En forme, nul besoin d'un séjour en incubateur, il pesait cinq livres et dix onces à sa naissance. Mais nous avons failli tous les deux y rester. Mon accouchement a dû être provoqué et par la suite j'ai fait un arrêt cardiaque.

Mais mon fils devait avoir une mère.

Il avait à peine deux semaines lorsque j'ai reçu l'appel pour remplacer Michèle Richard à l'émission *Garden Party*. J'allaitais et j'étais encore faible, mais l'offre méritait qu'on y songe. Mon époux et moi en avons discuté. Toutefois, comme il fallait donner une réponse assez rapidement, nous ne pouvions réfléchir longuement.

Nous avons donc convenu que j'accepterais l'offre et qu'il resterait à la maison pour s'occuper de notre enfant. Au début, je l'emmenais pour le nourrir entre les prises, mais c'est vite devenu impossible parce que j'étais stressée et je perdais mon lait.

N'oublions pas que j'ai été appelée à la dernière minute pour entrer dans les souliers de l'ex-animatrice qui n'était pas n'importe qui. J'ai relevé le défi haut la main car les affaires de « dernière minute », c'était quasiment ma spécialité. Mais la charge de travail était lourde, les journées longues et la pression très forte.

Le public ne voit que le résultat final des émissions en ondes. Mais pour une heure de diffusion, il fallait parfois jusqu'à dix heures de travail. Les journées où on tournait deux shows, nous travaillions quatorze heures minimum.

Le lait maternel se tarit à un tel rythme.

J'ai commencé à le pomper pour le rapporter à la maison. Hélas, ça n'a duré que quelques jours avant que la source ne s'assèche.

Parfois, j'arrivais au studio au lever du soleil pour n'en ressortir qu'à la nuit tombée. Je n'ai jamais vu passer ces deux étés. J'ai perdu la notion du temps dans ces studios tellement froids. On était censé représenter l'image des vacances, du soleil, alors que sur les plateaux, on gelait comme dans un congélateur. Air climatisé à fond pour les machines. C'était comme se tenir en bikini sur une banquise en essayant de ne pas trop frissonner, car ça peut paraître à l'écran.

En perdant mon lait, j'ai commencé à perdre mon enfant. Du moins, c'est le sentiment que j'éprouvais à l'époque. Les couches, les premiers sourires, les coliques, j'ai perdu tout ça. J'étais devenue le « père » du foyer et mon mari la « mère ».

J'ai commencé à développer un sentiment d'infériorité face à mon conjoint. Je n'étais pas à la hauteur comme mère. Mon mari était un perfectionniste et un maniaque de l'ordre. Perfectionniste, je l'étais dans mon travail, mais pas à la maison. Vous savez déjà que le rangement et moi…

Notre relation a commencé à s'effriter à ce moment-là. Nous n'arrivions pas à concilier famille et travail. Et je n'étais pas prête à être celle qui resterait à la maison.

Je commençais à me demander si j'étais une bonne mère. Si j'étais capable de l'être. Mon mari faisait tout tellement mieux que moi. Si je tentais de l'aider, plus souvent qu'autrement, ça finissait en chicane. Si je mettais une couche, il recommençait derrière moi, car il « savait » mieux le faire que moi puisque je n'étais jamais là.

L'argent rentrait à pleine porte, mais je m'éloignais de mon enfant. Je ne savais pas comment m'en occuper. Du moins, pas assez bien. C'est devenu un conflit permanent dans notre couple. Et plus les offres entraient, plus je disparaissais de la maison, car j'avais l'impression d'être gauche et inutile dans la vie de mon fils.

Il avait quatre ans lorsque nous nous sommes séparés. J'avais perdu toute confiance en mes capacités d'élever un enfant. Lorsqu'il était avec moi, je m'en occupais, mais j'avais toujours l'impression de mal le faire. De ne pas assez donner. De ne pas être à la hauteur.

Ce conflit entre son père et moi ne s'est jamais vraiment réglé. Même après des années de séparation et de nouveaux conjoints dans nos vies respectives, il y avait toujours cette tension. Mon fils la ressentait et il était écartelé entre nous deux. Il était franchement difficile pour mon fils et moi de développer une relation de confiance, car il était toujours perturbé lorsqu'il quittait son père pour venir chez moi, et vice versa.

Plus le temps passait et plus l'éloignement émotif se faisait sentir. Moi, je m'éloignais aussi. Le travail, encore le travail. Je partais souvent à l'extérieur. Mon foyer était instable pour lui. J'étais convaincue que chez son père, il menait une vie plus normale que chez moi.

Évidemment, comme dans toute relation, il y a les deux protagonistes. J'ai eu ma part de responsabilité dans l'échec de ce mariage et dans la façon dont notre enfant a été élevé. Mais à ce moment-là, je me mettais tout sur le dos.

J'échouais dans mon rôle de mère.

Quand mon pervers est arrivé dans ma vie, mon enfant s'est éloigné encore davantage. Pourtant, il m'a avoué que mon conjoint ne lui a jamais fait de mal. C'était la situation

122

générale qui le troublait. Il ne s'entendait pas du tout avec la nouvelle conjointe de son père, mais il y avait la stabilité que, sincèrement, je tentais de lui offrir sans jamais réussir aussi bien que son père.

Voilà pourquoi il est parti à quatorze ans pour aller vivre avec son père, sur leur ferme, avec les chevaux, etc.

Sauf qu'à partir de ce moment-là, je n'ai plus eu aucune nouvelle... Pas de coups de fil, pas de visites de week-end, fini...

Lorsque je suis allée en Floride, j'ai tenté de communiquer avec lui par lettre. Je n'ai reçu qu'une réponse. Et pas celle que je souhaitais. Par la suite, plus rien...

* * *

Six ans plus tard, je me suis retrouvée dans un restaurant avec un géant qui me prend entre ses grands bras pour me serrer tellement fort que j'en ai presque craqué. Non seulement il avait accepté de me revoir, mais il exprimait un immense plaisir à me tenir dans ses bras.

— Maman... Comme tu m'as manqué...

Au moment de l'écriture de ce passage, je ne peux m'empêcher de verser des larmes. Mon fils était dans mes bras, ou plutôt moi dans les siens, j'étais vivante et je le retrouvais enfin et tout se passait au-delà de mes espérances.

Pour la première rencontre, mes parents étaient là. Il avait exprimé le désir de les voir avec moi. Comme ma mère n'avait jamais coupé le contact avec lui, il tenait à la remercier.

Ce fut un moment merveilleux et déchirant. Il avait lui-même traversé un enfer. Il m'en avait exclue, car j'étais trop malade pour l'aider. Il m'avoua avoir quitté la maison de son père à seize ans, malheureux, incapable de prendre sa place à lui. Venir me trouver au Lac-Saint-Jean aurait été son désir, mais il refusait d'alourdir la responsabilité de mes parents qui s'occupaient déjà de moi.

Un orphelin…

Il a choisi d'agir en orphelin.

Lorsqu'il nous a raconté tout ce qu'il avait traversé, je l'ai trouvé éblouissant de courage. Il s'était pris un appartement grand comme une garde-robe, déterminé à se faire SA place à lui plutôt que de sombrer dans la dépression. Le choix de ne pas me donner de nouvelles pendant tout ce temps, c'était pour m'épargner. Il refusait de partager ses inquiétudes avec moi, tout comme ses souffrances et ses soubresauts d'adolescent. Il aurait pu finir dans la rue ou se jeter en bas d'un pont.

Mais non.

Comme moi, il se battait. Comme moi, il voulait que je sois fière de lui. Comme moi, il m'avait dans ses pensées tous les jours. Comme moi, il avait peur que je meure avant d'avoir réglé sa vie, car c'est ainsi qu'il voulait me revoir.

Un homme me parlait. Plus un enfant. Un homme débrouillard, articulé, beau, intelligent, plein de projets en tête et d'autres en chemin. Il s'était payé des études en travaillant presque jour et nuit.

Comme j'étais fière de lui… Lorsque que je lui ai dit que je me sentais coupable de ne pas avoir été assez là pour lui, il m'a répondu :

— Maman, tu m'as donné ce que tu avais de meilleur. Ta douceur, ta détermination, ta tendresse, ta compréhension, ton esprit de combattante, ton intégrité. Sans toi, je serais devenu un monstre…

Que dire ? Quoi écrire ?

Un miracle...

Mon fils est un miracle...

Inutile de dire à quel point j'ai senti mon cœur de mère se gonfler. J'avais été malgré tout une bonne mère, selon lui.

— Tu as été la meilleure mère que j'aurais souhaité avoir. Je suis ce que je suis grâce à toi...

Il a évidemment remercié ma mère d'avoir gardé le contact. Il a avoué avoir conservé chacun de ses petits messages. Si les choses s'étaient véritablement détériorées, il se serait pointé. Or, il ne voulait pas le faire pour ne pas me causer de peine avec ses problèmes. Il espérait les régler avant de me donner signe de vie afin qu'il soit une joie pour moi et non un problème.

Comment ai-je pu mettre au monde un être aussi extraordinaire ! Cet homme de plus de six pieds, je lui ai donné naissance. Et alors que je croyais avoir complètement raté mon coup, il était là devant moi, magnifique, souriant, lumineux, positif.

J'ai reçu un beau cadeau de la vie, ce jour-là.

J'étais enfin une mère digne...

15

Montréal…

Je n'ai jamais aimé Montréal. J'y ai pourtant vécu presque toute ma vie d'adulte. J'y suis arrivée à l'âge de dix-neuf ans. J'avais participé au concours de talents amateurs « Propulsion CTF », à Radio-Canada. J'ai rencontré Manuel Tadros sur ce plateau. À l'époque, tout comme moi, c'était un illustre inconnu. Nous sommes immédiatement devenus des amis et cette amitié ne s'est jamais détériorée.

À ce moment-là, j'avais un petit ami plus âgé que moi et nous vivions à Mont-Laurier. Comment je suis arrivée à Mont-Laurier ? Longue histoire ! J'en raconterai des bouts plus tard dans ce récit, mais pour l'instant contentons-nous de dire que je pensais avoir trouvé « l'homme ».

Une incorrigible romantique qui magnifiait la gent masculine…

J'ai donc suivi mon amour dans sa petite ville.

Je l'avais connu dans un restaurant où les camionneurs s'arrêtaient pour leur café quotidien. J'étais serveuse (une bien piètre serveuse !) et par la suite barmaid. Pas très fort non plus comme performance, mais je me débrouillais bien mieux que comme serveuse ! Et puis, j'avais l'oreille qui se prêtait bien aux confidences de ces messieurs routiers.

Je ne m'imaginais même pas que j'allais chanter un jour pour gagner ma vie. Je ne dis pas que je n'y avais jamais pensé. Or, ça me semblait tellement irréaliste pour une petite fille de Chibougamau, — j'y ai passé mon adolescence —, bien ordinaire, si improbable que je ne m'y attardais pas.

Il a fallu les noces de mon frère pour que mon homme allume quand j'ai interprété *L'hymne à l'amour*. Le voilà parti en peur, comme dit l'expression ! Je crois qu'à partir de cet instant, il a commencé à me regarder avec des signes de « piastres » dans les yeux ! Il flottait littéralement. Il s'est immédiatement vu dans le rôle de gérant faisant le tour du monde avec sa « petite femme », comme il m'appelait.

Au retour à la maison, nous avons vu l'annonce télévisée invitant de nouvelles voix à participer. Mon homme m'a convaincue de m'y inscrire. Comme on préconisait pour ce concours les auteurs-compositeurs, j'ai écrit une chanson avec un ami. Nous en avons fait un enregistrement que nous avons envoyé à Radio-Canada. Je fus la première surprise quand j'ai reçu le coup de téléphone m'annonçant que ma candidature avait été retenue !

Lorsque nous avons pris la route pour Montréal, mon chum se pavanait, le torse bombé, comme un coq parmi ses poules. Il commençait déjà à essayer de me mener par le bout du nez. Il est allé acheter lui-même la robe rouge que j'allais porter pour l'émission. Heureusement, il connaissait mes goûts et savait ce qui m'allait bien puisque la robe était parfaite. J'avais fait deux minuscules tresses enrubannées de chaque côté de ma tête. Et comme je suis myope et que je ne voulais pas porter mes lunettes à l'écran, j'ai chanté en faisant attention pour ne pas m'enfarger dans le pianiste en me dandinant comme un bébé qui suit la musique en balançant la tête.

Je suis arrivée quatrième parmi les dix finalistes et on m'a rappelée pour participer à la grande finale. J'étais contente! Surtout que je ne pensais absolument pas me rendre là.

Mon homme, lui, devenait de plus en plus arrogant...

Lors du deuxième voyage à Montréal, il a tellement fait son « frais » en voulant jouer au gros gérant dans les studios qu'on l'a mis à la porte. Moi, je faisais ma petite affaire sans trop causer de remous pour tenter d'alléger l'atmosphère.

Quand j'ai quitté le studio à la fin de l'enregistrement, il n'était pas dans les alentours. Je suis sortie à l'extérieur et je ne l'ai pas trouvé non plus. La voiture n'était même plus dans le stationnement. Il était parti en furie et m'avait laissée là, seule, sans un sou, sans autre bagage que le petit sac que j'avais apporté pour le tournage.

J'avais dix-neuf ans et je me retrouvais dans la grande ville et je ne connaissais personne à part Manuel Tadros, mais il était déjà parti.

Bon...

J'ai fait ma première nuit à Montréal sur un banc de parc...

* * *

Ça fait tout drôle de se remémorer ces souvenirs. J'étais audacieuse quand même!

La suite n'a pour le moment pas vraiment d'importance, car je désire vous ramener avec moi à Montréal, lors de ma rechute et ma fuite du Lac-Saint-Jean, vingt-cinq ans plus tard, avec un silencieux dans mon bazou.

L'été à Montréal est plus facile que l'hiver. Bon, c'est la même chose partout, mais plus particulièrement à Montréal. Comme dans toutes les grandes métropoles, j'imagine. Tant qu'il n'y a pas de neige, la grande ville offre tant de festivals et d'activités que c'en est étourdissant. Il est facile d'oublier tous les questionnements qui nous hantent quand on entre dans le rythme de la métropole.

Sur le Plateau-Mont-Royal, j'ai retrouvé l'effervescence, les petits cafés, les marchés de fruits. Jusque-là, c'était un peu comme des vacances. Ne perdant pas mes bonnes (ou mauvaises) habitudes, j'ai trouvé un gym que j'ai fréquenté pendant un bon mois! Wow! Je me prenais déjà pour l'athlète que j'avais été dans un passé plus glorieux.

N'exagérons pas, mais vous voyez probablement ce que je veux dire.

Or, la réalité me rattrapait et j'avais besoin d'argent. Comme mon contrat avec l'école de chant ne débutait qu'à l'automne suivant, j'ai recommencé à donner des spectacles. Je tiens à préciser que je ne souhaitais pas faire un « retour » sur disque ou à la télé. Je voulais travailler.

La voix était bonne, et le plaisir de chanter m'est revenu, mais mon ventre enflait à chaque grosse note, si bien que je le tenais toujours à deux mains. Pour les vêtements, c'était loin d'être simple. J'avais cette boule qui déformait les robes et les pantalons.

— Ah! Bravo, madame Bergeron! C'est pour quand?
— Faudrait demander à Fred Pellerin…
Regards perplexes.
— C'est pas grave, je me comprends…
En tout cas, ce n'était sûrement pas le mec rencontré sur Internet qui aurait pu miraculeusement me faire un enfant, puisque la relation s'est étouffée dans l'œuf avant même de

débuter. Pas de matrice en plus, j'aurais dû le porter dans mes tripes ou ma vessie !

Je n'ai pas cherché d'homme ailleurs. Une bonne note pour moi !

Quand l'automne est arrivé, j'ai débuté l'enseignement. Le hic, c'était que je ne me souvenais pas que je devais monter quatre étages pour me rendre dans les classes.

Les difficultés physiques débutaient. Je devais marcher une vingtaine de minutes pour me rendre au métro, si je manquais l'autobus. Ensuite le métro et ses escaliers roulants non fonctionnels. Grimpe encore. Puis pour finir, une dizaine de minutes de marche pour atteindre le bâtiment dans lequel les locaux se trouvaient.

J'avais déjà des doutes sur mon initiative...

* * *

L'hiver...

Ai-je déjà mentionné à quel point je déteste l'hiver dans la métropole ? Si oui, je me répète. Je déteste l'hiver dans la métropole ! Sur le Plateau, le stationnement est un véritable enfer ! D'ailleurs, le même problème existe dans la plupart des rues de la ville. Cependant, je crois que le Plateau bat tous les records.

Quand le temps est arrivé de déneiger l'auto pour la changer de côté de rue deux fois par jour, j'ai déchanté. C'était dur ! Pour être à temps au travail, il me fallait presque deux heures juste pour me rendre.

Quand j'ai constaté que le métro et les autobus m'en demandaient trop, j'ai fait l'acquisition d'une autre bagnole, puisque mon Oldsmobile avait rendu l'âme. Je me disais que voyager en voiture serait moins ardu.

Illusion !

J'étais bourrée d'illusions !

Je fonctionnais à l'illusion.

C'était pire. Je dépérissais à vue d'œil. J'attrapais tous les virus qui circulaient. Je toussais, toussais, toussais. Pour une chanteuse, la grippe est la pire des calamités. Je me débattais pour que ça ne paraisse pas.

Nous autres, artistes, sommes les spécialistes du faire semblant. Ça peut marcher et berner tout le monde (incluant la personne qui raconte) un certain temps. Mais quand le travail commence à s'en ressentir, et que la patronne — une amie de longue date pour qui j'avais déjà travaillé — voit ce qui se passe, on ne peut plus se leurrer.

Un matin, je devais me rendre à Sherbrooke pour le tournage de l'émission *La victoire de l'amour*. Avant de prendre la route, j'avais un rendez-vous chez mon médecin dans l'ouest de la ville. Pendant la nuit, il y avait eu une violente tempête de neige et lorsqu'au matin je suis sortie de la maison et que j'ai vu ma bagnole entièrement recouverte de neige, j'ai éclaté en pleurs.

J'allais devoir déneiger au complet, ensuite pelleter autour de l'auto pour la sortir de là. J'étais découragée, pas à peu près. Je me suis donc attelée à la tâche. Me voilà, pelletant la neige que les voitures ne cessaient de me renvoyer, tentant d'en venir à bout... en larmes.

Un homme est passé, m'a regardée comme si j'étais une extraterrestre, moi la pelleteuse en pleurs qui travaillait au-delà de ses forces, et il a poursuivi simplement son chemin sans m'offrir d'aide.

— Merci beaucoup, monsieur, de votre extrême gentillesse ! lui ai-je crié en m'écrasant sur le trottoir.

132

Je pleurais à fendre l'âme. Mon ventre me faisait mal, je toussais sans arrêt, j'étais au bord du gouffre.

J'allais être en retard.

Je suis donc retournée à l'appartement dans l'idée de téléphoner, car je n'avais pas de cellulaire. Quand est venu le temps d'ouvrir la porte, je me suis rendu compte que j'avais perdu mes clés !

Nooooooooooooooooooooon !

Le désespoir me frappait de plein fouet. Je suis retournée à ma voiture qui n'était même pas encore déneigée et j'ai recommencé le pelletage afin de trouver mes clés. La neige était désormais boueuse sur la rue et chaque voiture qui passait m'éclaboussait.

Je me suis encore écrasée sur le trottoir pour pleurer. Toujours pas d'aide des passants qui me regardaient de travers. La ville désensibilise les gens aux problèmes de leurs voisins. Il n'y a pas d'entraide. Chacun fait sa petite affaire et même si une fille braille sur un trottoir, de la boue sur ses cheveux, ses vêtements, ses lunettes, on passe son chemin et on ne s'en mêle pas. Et de toute manière, c'est peut-être une itinérante qui essaye de faire pitié...

Je faisais pitié. Et personne ne s'en souciait...

J'ai finalement trouvé mes clés. Après avoir prévenu les gens de Sherbrooke de mon retard, je suis allée chez le médecin qui m'a trouvée très mal en point. Il ne fallait plus que je fasse de tels efforts physiques. Mon moral plantait sérieusement. Elle m'a signé un papier avec un diagnostic de « burn-out ».

Je devais absolument me faciliter l'existence.

Pendant la route jusqu'à Sherbrooke, j'ai encore perdu mon silencieux. Cette fois-ci, je l'ai laissé sur le chemin...

***

Quand janvier est arrivé, j'ai décidé de déménager. Fini la ville pour moi. Plus capable! Ma nièce qui vivait à Laval m'a offert son aide afin de me trouver un logement près de chez elle. De toute façon, le loyer du Plateau-Mont-Royal me coûtait une fortune et mes revenus étaient largement insuffisants. En banlieue, j'allais payer moins cher et ne plus avoir à me casser la tête avec les maudits stationnements. En outre, le métro s'y rendait.

J'ai pris un petit loft au troisième étage d'une maison de rapport, pas très loin de l'endroit où habitait ma nièce. Même si je devais encore monter des escaliers, la situation était moins pénible.

Je n'allais pas bien du tout. Je n'avais plus d'énergie, je sentais mon ventre grossir. Je commençais à voir mon intestin se promener sous ma peau comme si c'était un serpent. C'était pas beau à voir…

Mon enseignement a commencé à s'en ressentir. Je n'avais plus de concentration, je n'arrivais plus à chanter sans que mon ventre tiraille et que je m'étouffe en toussant. La fièvre s'est mise de la partie. J'étais en train de tomber gravement malade.

Ma nièce et son conjoint prenaient soin de moi. Tous les jours, elle venait avec son bébé pour me préparer des repas, faire mon ménage. Son conjoint m'aidait pour faire les courses. Pendant ce temps-là, je m'amusais avec le bébé et ça me changeait les idées.

À l'école de chant, ma patronne avait réduit mes heures, mais ce n'était pas suffisant pour que mon travail se fasse mieux. Nous nous sommes assises toutes les deux pour discuter et voir les choses en face.

— Jano, je suis désolée, mais tu es malade. Tu ne peux pas continuer ainsi. Et sincèrement, je crois que tu es complètement à bout et que tu n'as plus la capacité de travailler. Personnellement, et je te le dis en amie, je vais te signer un papier signifiant que je ne peux plus t'engager parce que tu n'es plus fiable.

Je n'étais plus fiable…

Elle continua :

— Je sais que tu ne pourras pas avoir de chômage, car je t'ai engagée comme travailleur autonome. Mais au moins, avec cette lettre et le papier de ton médecin, tu devrais pouvoir retirer rapidement de l'aide sociale. Je ne veux pas t'abandonner et ta compétence n'a rien à y voir et tu sais ça. Mais il est temps pour toi de te soigner et de cesser de faire des efforts inutiles. Tu ne fais qu'empirer les choses. Je fais ça pour ton bien. Je te dis ça pour ton bien.

Elle avait tellement raison…

Entre-temps, ma toux continuait d'empirer. Après une visite à l'urgence de la Cité de Laval, j'ai reçu un diagnostic de pneumonie. Le médecin de l'urgence m'a fait voir un pneumologue quelques jours plus tard, car les radiographies montraient des taches sur les poumons.

Était-ce cancéreux ?

J'ai vécu les jours précédant ce rendez-vous dans une angoisse terrible. S'il fallait qu'un cancer du poumon se déclare en plus de tout le reste… Mais, bonne nouvelle ! Pneumonie double, mais pas de cancer ! Par contre, ce qui se passait avec mon abdomen était épeurant. Ma cicatrice était devenue violette et semblait vouloir s'ouvrir. Quand je toussais, j'avais l'impression de sentir mes tissus internes se déchirer.

Quand j'ai revu mon médecin, je lui ai dit que je n'avais plus d'emploi, que je m'étais endettée pour m'acheter des meubles et m'installer. Et que je ne pouvais plus travailler.

— Quoi ? Vous ? Ne plus travailler ? Vous voulez dire jamais ?

— Plus personne ne veut m'engager. Je ne suis plus fiable.

— Mais voyons donc ! Vous devez travailler ! Vous n'êtes pas du genre à parler ainsi. Je ne vous reconnais plus. Vous êtes trop jeune pour cesser de travailler.

— Je n'en peux plus ! Je suis totalement à bout ! Mon ventre devient pointu quand je tousse ou que je force le moindrement, et je vois mes boyaux se promener sous ma peau. Jeune ou pas, je suis au bout de mes limites. Le travail va me tuer !

— Je vais vous examiner.

Lorsqu'elle a vu l'état de mon ventre, elle s'est écriée :

— Mais vous avez une hernie ! Est-ce qu'il arrive que votre intestin veuille sortir de votre ventre ?

— Euh… Oui ! J'ai un serpent dans le ventre. Parfois, ça sort juste en dessous du nombril et ça fait comme un coude. Puis ça retourne à l'intérieur.

— Mon Dieu ! Une hernie étranglée se prépare, selon moi ! Ça peut devenir très dangereux. Je vais vous signer un rapport médical pour six mois de repos. Vous aurez probablement besoin d'une chirurgie. Et surtout, il faut désormais éviter de forcer pour ne pas empirer les choses. Je vais vous faire voir un spécialiste le plus rapidement possible.

Mer-de ! Meeeeeerde ! Dans quel foutu pétrin j'étais !

16

Dans la ouate…

Je baignais dans la ouate jusqu'aux oreilles. Je ne m'enfonçais pas, je stagnais. Au repos, guérissant ma pneumonie, je suis entrée dans un état de fatigue extrême, dépouillée de toutes mes forces, une brume semi-opaque m'enveloppait du matin au soir tandis que je gardais le lit.

Combien de temps s'est écoulé ainsi? Ceux qui m'entouraient pourraient davantage faire le compte. Or, le temps n'avait plus d'importance, car j'étais soignée par de magnifiques jeunes gens dévoués et aimants. Mon fils, ma nièce, son conjoint et leur petite fille que je voyais grandir et s'agripper à tous les meubles pour se tenir debout. Elle était si mignonne avec ses joues rebondies et rondes comme des petites pommes! Quand je ne m'étouffais pas avec ma toux, je riais de la voir pousser une boîte à toute vitesse sur le plancher de bois pour apprendre à marcher. Courir plutôt! C'était ma puce. Ma petite boule d'amour.

Je suis vite devenue complètement gaga pour cette enfant. Pour elle et ma nièce, j'étais maintenant sa grand-mère d'adoption: sa « mamou ». Nous nous sommes recomposé une petite famille et jamais je n'oublierai les doux moments passés avec eux, même si parfois ils étaient douloureux parce que je leur imposais une pénible responsabilité.

Ce fut un temps de confidences entre mon grand garçon et moi. Mon ange…

La relation d'une mère avec son fils parti à quatorze ans qu'elle retrouve à vingt ans est à reconstruire petit à petit. Il ne faut pas brusquer les choses même si elles se passent bien après les retrouvailles. J'avais un homme droit, volubile et fort devant moi, qui s'arrangeait seul depuis l'âge de seize ans, alors que j'avais laissé dans le passé un adolescent introverti.

Mon enfant…

Mon enfant était désormais un géant que j'admirais de mon lit fiévreux. Indépendant, déterminé, intelligent, sensible, doux et fidèle… Oh! Que j'étais fière de lui! Je devais apprendre à connaître l'homme qu'était devenu mon enfant. Il fallait le laisser se livrer à moi, sans attentes, sans préjugés, l'accueillir à son rythme. Un étranger qui me veillait de loin depuis toujours sans que je le sache. Et qui semblait me percevoir mieux que quiconque.

Un ange gardien…

Sa présence m'a sauvée du délire et du découragement dans cette période remplie d'incertitudes. Il me les a fait oublier.

« Ils » me les ont fait oublier. Mon appartement était en désordre, le rangement pas encore terminé, car depuis mon déménagement, j'étais couchée 24 sur 24 sur le futon du salon, avec ma « belle jeunesse », — comme j'aimais les appeler — m'entourant et me prodiguant les soins dont j'avais besoin avec des éclats de rire et de l'abandon. Mon amie et ex-patronne de l'école de chant que j'avais dû quitter venait régulièrement me rendre visite avec les bras chargés de choses à m'offrir pour réorganiser mon chez-nous. Cette femme m'a toujours contaminée avec sa joie de vivre

138

et sa grande générosité. J'en profitais avec reconnaissance et plaisir. Les boîtes pouvaient bien attendre!

Au moindre effort, la toux me terrassait et je devais soutenir mon ventre pour protéger mon « serpent ». J'ignore si c'était l'effet des médicaments et de la fièvre, mais combien de fois nous avons rigolé en le regardant se promener sous ma peau, sortir son « ti-boutte » pour nous narguer tout en nous donnant la frousse pendant quelques instants, car s'il ne retournait pas d'où il venait, je trouve très approprié de dire que j'étais dans de beaux draps!

Je n'avais toujours pas eu de nouvelles du spécialiste qui devait s'occuper de mon abdomen. Cependant, le plus urgent était la pneumonie. J'aurais été incapable de soigner les deux en même temps. Mon moral, lui, était sur « pause ». Je ne me souviens plus de la moitié de ce qui s'est passé dans cette période.

Le monde s'était arrêté autour de nous.

Dans ma bulle ouateuse, je me suis gavée d'amour pour guérir…

Dieu! Que j'en avais besoin!

* * *

Au Lac-Saint-Jean, mes parents s'étaient morfondus d'inquiétude pendant ces quelques semaines où j'ai flotté entre réalité et égarement. Toutefois, la présence de mon fils à mes côtés les avait grandement rassurés. Malgré cela, ils voulaient absolument venir à mon aide. Je refusais. Il n'était pas question que je leur impose de nouveau le fardeau que j'étais devenue.

Non.

Je voulais les épargner. Or, je savais trop bien que l'éloignement les rendait fous malgré la présence bienveillante de ma « belle jeunesse ». Je tenais à m'en sortir sans eux. Était-ce l'orgueil ? La culpabilité ? Le sentiment d'échec ? La peur de les décevoir ? Le désir de rester avec mes amours, mes enfants d'adoption ? Tout ça à la fois ?

Oui...

Tout ça à la fois.

Or, je me remettais bien et ils s'en rendaient compte lorsqu'ils appelaient, car ma toux s'en allait et ils m'entendaient glousser quand la petite babillait ou que mon « grand troubadour » chantait des sérénades pour moi de sa superbe voix de baryton. Ils me sentaient heureuse et respectaient mon besoin.

La mère en moi reprenait sa place. Je rattrapais le temps perdu avec tous mes enfants !

J'ai touché au bonheur pendant cette période. Au bonheur tout simple, sans perturbations extérieures pour venir le gâcher. J'y ai pris goût et j'ai su qu'il m'était possible d'être heureuse en mettant mes priorités aux bons endroits.

J'ai repris mes forces sans songer au lendemain.

Le lendemain allait arriver bien assez vite.

17

Je vous ramène au printemps 2009. Le temps reprenait son cours normal. Mes enfants continuaient à me dorloter, si bien que j'émergeais lentement de mon brouillard. Pendant tout ce temps, ils ont vraiment pris leur rôle d'« aidants naturels » au sérieux. Grâce à leurs soins, j'ai guéri « lentement mais sûrement ».

Certains hasards de la vie peuvent nous étonner dans ces moments de besoin. Quelqu'un surgit d'un passé pas si lointain, nous surprend en revenant dans le décor pour nous prêter main-forte. L'homme rencontré sur Internet voilà plusieurs mois — celui dont je vous ai parlé plus tôt dans ce récit — reprit contact avec moi et, en ami, est venu m'aider et me tenir compagnie à maintes reprises. Il m'avait accompagnée à l'hôpital lorsqu'on avait diagnostiqué ma double pneumonie. Cette soirée passée à l'urgence avec lui est mémorable, car nous avons tellement ri ! Je précise qu'il était celui qui me faisait rire. Moi, j'étais celle qui toussait de rire. Il s'est également attaché à mon fils et à mes enfants d'adoption. Une relation amoureuse était impossible avec cet homme, mais une amitié sincère s'est créée dans cette période.

Entre-temps, ce qu'on appelait désormais « l'Aide de dernier recours », avait recommencé à entrer régulièrement dans mon compte de banque. J'avais accumulé quelques dettes, mon loyer me coûtait presque le montant de ma prestation même si j'avais un surplus grâce au rapport médical fourni par mon médecin. J'avais beau tenter de couper ici et là, en banlieue tout comme à Montréal, le coût de la vie était trop élevé.

La différence était que dorénavant j'en étais très consciente et que je voyais clair ! Je ne jouais pas à l'autruche comme j'avais tellement fait par le passé. Je ne dépensais pas de façon irraisonnable non plus. Je réfléchissais, calculais, budgétais mes faibles revenus assez scrupuleusement. Je l'ai déjà dit, je me contente de peu. Particulièrement à cette époque.

Lorsque le mois de mai est arrivé, les lilas du terrain voisin exhalaient leur puissant arôme jusqu'à mon petit balcon arrière où j'avais transféré mon « quartier général » pour le printemps et l'été. Malgré l'espace restreint, j'ai profité du beau temps avec confort et calme. J'avais remplacé mon lit de fortune du salon par une chaise soleil recouverte d'un confortable matelas en mousse avec oreillers et doudou. Je prenais de grands bols d'air frais et je piquais des jasettes avec mon petit monde entre les siestes réparatrices, protégée du bruit et du monde extérieur, tout en regardant des enfants jouer dans la cour.

Je touchais au bonheur. Peut-être était-ce fragile et éphémère… J'y touchais quand même.

Et c'était bon.

* * *

L'équipe de l'émission *La victoire de l'amour* n'avait jamais cessé de me soutenir moralement par de multiples petits gestes de bonté, dans cette épreuve, comme auparavant.

À plusieurs reprises, ils m'ont commandé des tableaux pour le décor de l'émission ou pour un événement particulier. J'en ai fait quelques-uns pendant ma convalescence. Il y avait entre autres un ange bienveillant accroché sur un mur derrière les chanteurs invités de l'émission. Je pense qu'il y est encore au moment où je vous livre ces confidences.

Il leur arrivait d'organiser des voyages auxquels participaient des gens qui voulaient voir du pays, s'amuser, entendre des chanteurs, visiter des lieux significatifs, assister à des conférences, entendre la « messe » sur le pont d'un navire ou en plein désert, en somme vivre une expérience et une vacance « spirituelle ». Un genre de « Club Med » avec un mélange de célébrations religieuses et de spectacles divertissants !

Lorsque l'équipe m'a invitée à faire une croisière d'une semaine sur le fleuve Saint-Laurent avec les Îles de la Madeleine pour destination, je les ai parfaitement renseignés sur mon état de santé général. Or, je savais que je serais très bien entourée et qu'on veillerait sur moi. Je leur faisais confiance pour ne pas risquer ma santé inutilement.

Un voyage !

Ça me tentait !

J'avais tellement besoin de changer d'air !

Si mon médecin me le permettait, j'aurais deux petits tours de chant à faire pendant les sept jours du voyage, partageant la scène avec plusieurs artistes, à condition, évidemment, que mon corps suive la « cadence ». Mais auparavant, avant d'échafauder des plans au-delà de mes limites, je n'avais toujours pas de rendez-vous avec le spécialiste. Cependant, mon médecin veillait de près à l'évolution de mes symptômes. La toux s'en était allée avec la pneumonie qui était bel et bien guérie. Le serpent s'était calmé. Son « ti-boutte » avait regagné son « trou » dans le fond de mes entrailles.

J'avais un répit.

Mon médecin m'examina et considéra que l'état de mon ventre était stable, aucun changement alarmant dans les tissus internes. Les intestins étaient encore souples. Il n'y avait pas d'inconvénients à faire ce voyage. Fait rassurant, une infirmière à la retraite, ainsi que deux médecins seraient à bord. Beaucoup de groupes de personnes âgées faisaient ce genre de traversée. De temps à autre, on pouvait en trouver un, tombé dans les pommes quelque part sur un pont. Il arrivait de devoir le laisser à l'hôpital de la prochaine escale, car il était trop malade pour reprendre le bateau et terminer le voyage.

Avant mon départ, mon médecin me prodigua ses conseils tout en m'encourageant à profiter du temps présent :

— Vous avez besoin de ces vacances. Ça vous fera du bien ! me dit-elle de son éternelle voix de petite fille. Je ne vous ai jamais vue ainsi ! Fatiguée, abattue, amaigrie, mais justement, si vous faites attention, vous reviendrez beaucoup mieux pour vous occuper de votre ventre !

Elle me suggéra évidemment la prudence pour le chant. Ceinturer fermement cette partie de mon corps avec de larges bandes élastiques orthopédiques, afin de soutenir les tissus internes abîmés. Cette méthode de prévention en cas de hernie permettrait d'envoyer l'effort ailleurs que dans l'abdomen. Ensuite, faire un choix de chansons qui pourrait changer selon mes capacités. Être à l'écoute de tous les signes physiques qui se présenteraient. Je devais mettre dans mes valises l'appareil pour contrôler ma tension artérielle deux fois par jour, et noter tout changement dans un carnet. Enfin, prendre scrupuleusement ma médication et me reposer en profitant de l'air salin.

— Tant qu'à y être, profitez-en pour prier un peu !

Ouais... Prier un peu... Ça ne pouvait pas faire de mal. Ce médecin m'avait déjà prescrit comme cure — au moins vingt ans auparavant —, une fin de semaine dans un petit couvent de bonnes sœurs ! Rien à voir avec l'idée de me faire faire un lavage de cerveau et d'endosser le voile et la « cornette » ! Non. Pour profiter du silence des petites chapelles qui inspirent toujours la réflexion intérieure. Et j'ai adoré l'expérience ! Surtout que j'ai passé des heures à parler de sexe ouvertement et librement avec la petite religieuse qui s'est occupée de moi. Mais ça, c'est une autre histoire et je ne veux pas m'égarer ! Je l'étais déjà tellement du temps où je vivais ces événements.

J'allais donc faire un voyage !

Cette fois, pas pour fuir, mais pour me reposer en me dépaysant un peu.

Je suis partie préparée, car tomber gravement malade sur un bateau au large des côtes devait autant que possible être évité. Toutefois, j'avais un bon « feeling » à propos de ce voyage. J'allais me ressourcer avant de prendre au retour les graves décisions qui viendraient avec l'obligation de soigner mon ventre et je l'acceptais à l'avance, car il n'y avait pas d'autre option. Une forme de résilience s'installait, m'apportant une paix nécessaire pour fonctionner dans mon quotidien, sans m'épuiser. Moins j'étais stressée, mieux je me portais. Le moindre choc pouvait réveiller le serpent ou faire grimper la tension artérielle. J'en ai profité pour prier pour que les deux restent bien tranquilles sans m'embêter, au moins jusqu'au retour de la croisière !

Je tenais absolument à faire mes tours de chant. Peut-être seraient-ils mes derniers ? Abîmée comme je l'étais, il n'y avait pas d'illusions à se faire sur le futur proche. Je cessais enfin de faire des efforts et je gardais désormais mon énergie pour mon corps.

Mon moral était toujours sur « pause » quand j'ai quitté le port...

* * *

J'ai vraiment passé de beaux moments sur ce navire. J'y ai rencontré des gens de tous les milieux. J'ai noué des liens avec des compagnons de voyage. Je partirais n'importe quand avec sœur Angèle ! Elle s'adapte à toutes les situations, ne se plaint jamais du mauvais temps, n'a jamais le mal de mer, est toujours de bonne d'humeur, mais jamais envahissante. J'étais à l'aise avec elle. C'est avec un plaisir mutuel que nous prenions nos repas et discutions ensemble.

Lors de la cérémonie donnée par le capitaine pour inaugurer le départ, un de mes tableaux a été dévoilé aux passagers ainsi qu'aux membres de l'équipage : *Le lion et l'agneau.* Lorsqu'on m'avait passé la commande, quelques mois plus tôt, on m'a donné le feu vert sur l'interprétation. J'ai représenté le lion enveloppant l'agneau de ses énormes pattes, avec dans le regard une grande tendresse pour la petite chose vulnérable qu'il protégeait. L'agneau semblait confiant, à l'aise et coquin. Il regardait directement vers le voyeur. Je les ai placés dans un désert inondé de lumière plombant sur les dunes. À chaque endroit où un rayon frappait, il poussait des fleurs parmi les croûtes de sable et les rochers. La toile a suscité de nombreux commentaires et alimenté bien des conversations parmi les gens qui l'admiraient ou qui trouvaient un peu dérangeant d'avoir ainsi mis l'agneau à la merci totale du lion !

J'étais heureuse.

Chambranlante. Le torse « strappé » m'aidant à me tenir plus droite, mais heureuse et reconnaissante d'être là et fière, si fière de mon œuvre ! Avoir été si malade pendant toutes ces années et avoir appris cet art qui me passionnait davantage chaque jour, à chaque défi qu'on m'avait proposé et que j'ai toujours relevé, au point, s'il le fallait, d'effacer tout le travail accompli depuis des semaines pour recommencer jusqu'à ce que je réussisse.

Oui. Ça me rendait heureuse de constater à quel point j'avais du talent...

Il y avait plusieurs chanteurs pour les différents spectacles et cérémonies donnés sur le bateau. Tous prenaient soin de moi et tâchaient de me ménager. On avait prévu des remplaçants au cas où je tomberais malade. Le plus ironique est que mes tours de chant furent réussis, et jusqu'à la dernière note du blues improvisé de la finale, ma voix et mon ventre m'ont soutenue solidement, alors que plusieurs autres artistes succombèrent à une bonne grippe leur causant des extinctions de voix, et durent annuler quelques-unes de leurs représentations.

Je n'ai remplacé personne, rassurez-vous ! Pas folle, la fille ! Fini de me prendre pour « Wonder woman » ! J'ai fait mon affaire, un point c'est tout, et le reste du temps, je me reposais sur un pont, ou dans ma cabine les jours de mauvais temps. Pendant les escales, j'allais marcher et prendre des photos. Je goûtais à chaque seconde, me disant que ce genre d'aventure risquait de ne plus m'arriver avant longtemps...

Je n'avais jamais visité les Îles-de-la-Madeleine. À notre arrivée à Cap-aux-Meules, je suis tombée sous le charme des maisons toutes colorées comme dans un jeu de Monopoly, se voisinant sur la grève. Je suis partie seule avec mon appareil photo, sur le sentier qui suit le littoral du quai de Cap-aux-Meules jusqu'à la limite de la municipalité. J'ai longé le village d'un côté et la falaise au bord de la mer de l'autre. Le sentier, en partie recouvert d'un boisé de conifères, a dirigé mes pas jusqu'à un escalier panoramique de cent quatre-vingt-cinq marches sur le cap, d'où on peut voir les îles au complet.

J'ai grimpé les cent quatre-vingt-cinq marches. Je prenais des pauses à tout bout de champ, je m'assoyais pendant plusieurs minutes, les yeux clos, à respirer profondément et à écouter le chant des mouettes. J'ignore le temps qu'il m'a fallu prendre pour me rendre tout en haut, mais l'effort en a valu le coup ! La beauté du paysage coupait le souffle ! J'ai pris des photos, imaginé des toiles qui immortaliseraient ces si belles images et les sentiments qu'elles m'inspiraient, qu'elles provoquaient.

La tête appuyée contre la rambarde de l'escalier, j'ai laissé ma mémoire vagabonder dans le temps. Ces lieux, leurs couleurs, leur géographie, me rappelaient un autre voyage fait une quinzaine d'années plus tôt, dans de toutes autres circonstances.

Parmi les itinéraires parcourus avec l'armée canadienne, je me suis rendue dans les montagnes de la Bosnie et de la Croatie, en temps de guerre. Nous portions en tout temps des gilets pare-balles et les casques assortis pour déambuler dans les rues des villages dévastés. Du haut des montagnes, on voyait toutes ces jolies couleurs s'étaler dans le paysage

à perte de vue. Une douce brume enveloppait tout le pano-
rama, ajoutant une atmosphère mystérieuse et feutrée.

D'en haut, c'était magnifique, presque irréel. Cependant,
en descendant les collines et falaises dans l'autobus « offi-
ciel » qui nous transportait, la réalité de la guerre s'imposait
à nous et prenait un tout autre visage. Nous étions trente-
trois, toujours accompagnés de militaires. Des musiciens,
des danseurs, chanteurs, humoristes, techniciens, et moi-
même, à la tête de ce bataillon d'artistes parce que j'étais
bilingue et chanteuse principale du show et représentante
culturelle du groupe.

C'était une vision cauchemardesque qui nous attendait
au bas des montagnes. La destruction totale. Des villages
entiers bombardés, des ruines encore fumantes. Là où une
femme allaitait son bébé en fredonnant, parmi les restes de
sa vie dévastée, un chien errant bavant de rage et son ami
le vautour charognard, bien agrippé à sa clôture barbelée,
les lorgnaient d'un air féroce, où se mêlaient la convoitise
et la cruauté... La mère, elle, continuait de fredonner et de
bercer son bébé en les ignorant comme s'ils faisaient partie
de l'entourage familier.

On nous considérait comme des invités politiques et
c'est la raison pour laquelle nous avions pu entrer dans
ce pays, dans ces temps troublés et instables. Nous avions
des papiers signés qu'il ne fallait absolument pas perdre.
Sans eux, on pouvait tout aussi bien nous arrêter et nous
considérer comme des terroristes! Des bombes sifflaient
encore au-dessus des villages. On ne pouvait pas aller où
on voulait comme des touristes en vacances!

Ça crève le cœur, ce genre d'expérience. J'ai eu des cauchemars longtemps au retour de ce voyage. C'est impossible
à oublier, de telles images. Ça ébranle nos petites habitudes

et fait paraître notre quotidien confortable si simple quand on a vu tellement pire...

Je suis rentrée au pays pendant le fameux verglas de 1998. Partout dans les médias, on comparait le Québec à un pays bombardé... Ils étaient si loin de la réalité ! Un pays bombardé, ça ne se compare à rien ! C'est brutal et plein de haine, un pays bombardé... Des enfants éclopés à cause des bombes qui leur ont sauté en plein visage, des kilomètres de champs stériles à cause des mêmes bombes camouflées sous la surface. Non... Un pays bombardé ne peut être comparé à rien d'autre.

* * *

J'étais toujours appuyée contre la rambarde, quand un bon coup de vent me fit frissonner, et me sortit de mes souvenirs. Je m'emmitouflai dans le long chandail que j'avais tricoté au cours de mes nombreuses convalescences, avec des restes de laine multicolores accumulés au fil du temps. J'en avais fait un « patchwork » qui s'harmonisait à la vue qui s'offrait à moi du haut du Cap-aux-Meules.

En dedans, j'étais un village bombardé. On peut parfois reconstruire sur certaines ruines, mais ailleurs, il n'y a rien à faire. Toutes les structures s'effondrent, les fondations ne tiennent pas le coup, elles partent avec la vase qui emporte tout sur son passage.

Qu'allait-il m'arriver ? Sur quoi est-ce que je pouvais reconstruire ? À moins que plus rien ne se reconstruise ? Qu'il faille repartir sur des fondations neuves ? Lesquelles ?

Mes guerres étaient terminées. Je n'avais plus rien à prouver. Et je n'avais plus d'armure pour me protéger !

Mais, j'avais la « guerrière spirituelle »...

150

En redescendant, j'ai rencontré une dame qui tenait absolument à acheter mon chandail tricoté!

— Vous l'avez fait vous-même! Je vous offre trois cents dollars comptant!

— Oh non, madame, je vous remercie mais ce chandail est le seul que j'ai pour ce voyage. Il y a aussi, vous comprendrez, la valeur sentimentale. Je ne veux jamais vendre ce tricot.

Je ne l'ai jamais vendu. Je l'ai toujours...

Je le porte en écrivant ces mots!

18

Quand on me demande ce dont je suis le plus fière dans l'ensemble de ma carrière, je réponds presque toujours que c'est mon voyage en Bosnie. Pourtant, ce n'est pas un grand succès sur disque ou un trophée. Mais, la chanteuse m'a emmenée jusque là-bas et c'est la femme qui est revenue transformée. Divertir les gens est une chose, mais offrir ce qui remet le sourire dans le visage d'un enfant estropié en est une autre. Pour moi, cet accomplissement a toujours compté plus que toutes les reconnaissances artistiques.

J'ai aimé mon métier. Or, j'ai toujours cherché la « mission » qui se cachait derrière. Divertir juste pour divertir n'était pas suffisant pour combler mon besoin d'évolution personnelle. Je voulais accomplir plus que ça. D'ailleurs, avant de faire ces voyages, je vivais une sorte d'insatisfaction personnelle continuelle par rapport à mon métier. Le « paraître » passait avant tout. Je voulais voir plus loin que ma célébrité. Dans ces pays, j'étais une inconnue. Une inconnue qui apportait du merveilleux.

Je pense que je cherchais simplement ma place sur cette Terre. Malgré les succès accumulés, le principal faisait défaut. Moi... Je me cherchais partout sur la planète. Et je revenais en me connaissant de moins en moins...

Ce fut la même chose à mon retour des Îles-de-la-Madeleine. Je n'étais plus la même qu'au départ. Une fois l'entracte terminé, il faut remonter sur les planches. Dans ce cas-ci, c'était retrouver le plancher des vaches. J'avais pris beaucoup de repos malgré mon état d'angoisse face à ce qui m'attendait. Je n'avais pas cherché à m'étourdir ni à faire le vide. J'ai tenté d'accueillir mes sentiments tels qu'ils se présentaient. Ne pas lutter contre.

Pendant la croisière, j'ai médité sur la vie. La mienne, celle des autres autour de moi, « dans le même bateau », la vie au fond de cette mer, dans ce ciel…

Un miracle. Il n'y a aucune explication à ce qui fait respirer l'Univers. Et j'en faisais partie.

Pendant ce périple, j'ai vécu plusieurs moments significatifs. Une rencontre particulière m'a marqué l'âme. Ma confession… Je ne suis pas du genre à aller me confesser tous les dimanches ! Ça n'a rien à voir. Or, parmi les gens extraordinaires que j'ai rencontrés, il y avait un père de l'ordre des « Trinitaires », musicien et chanteur, conférencier, globe-trotter et grand amoureux de l'art en peinture. Nous nous sommes immédiatement liés d'amitié lors du dévoilement de la toile *Le lion et l'agneau*, qu'il avait examinée et admirée sous tous les angles en poussant des ooooh ! et des aaaah ! Nous étions faits pour nous entendre.

C'est donc en amie que je lui ai ouvert mon cœur. Pendant des heures, il m'a écoutée, ses yeux soudés aux miens, sans m'interrompre. J'ai laissé tomber toutes mes gardes et je lui ai dit : *J'ai peur, mon père… J'ai peur…*

Je ne l'avais jamais admis de cette façon. Jamais avec autant d'abandon. Mais, j'avais peur, oui. De quoi ?

De tout.

Je n'avais jamais eu aussi peur de ma vie…

* * *

Au retour de la croisière, je ne pensais pas tomber aussi durement dans la réalité.

Ma bagnole, que j'avais laissée à ma nièce et son conjoint avant de partir, avait fait des siennes à tel point qu'après avoir décidé de tomber en panne en pleine rue montréalaise, elle a été remorquée jusqu'à un garage qui attendait mon retour pour prendre une décision. Une décision de six cents dollars… Une taxe de bienvenue ? Heureusement que je venais de vivre une semaine en mer !

Je l'ai fait réparer. J'en avais encore besoin et j'espérais qu'elle puisse durer quelques mois, le temps que je sache ce qui allait arriver avec mon ventre.

Elle ne m'en a pas laissé le temps. Aussitôt revenue dans ma cour, elle s'est remise à boiter ! Mais quoi encore ? J'appelle au garage qui l'avait réparée :

— La batterie est finie.

— Comment ça la batterie est finie ? Six cents dollars et ça n'inclut pas la batterie ?

— Non.

— Bon ben, chose ! Change la batterie !

Ce fut suffisant pour réveiller le serpent. Je n'avais pas vu sa tête depuis une bonne semaine ! Et agressif à part ça ! Aussitôt que je mettais le pied à terre, le « ti-boutte » venait me faire un bonjour et pas moyen de le mettre à la porte !

La nuit suivante, j'ai fait un rêve étrange. L'amie morte d'un cancer des années plus tôt — celle qui m'a donné le don de peindre avant de partir — est venue me visiter en rêve. « *Il faut te lever, Jano. Ta route s'arrête ici. On te volera ce qu'il te reste…* » Je me suis réveillée en sueur, alertée, le cœur en chamade. Mais… pourquoi elle ? Après tant de temps ? Et pourquoi maintenant ? Que voulait-elle dire ?

Je me suis levée, il était 5 h 30 du matin, le ciel était zébré de rouge. J'adorais finir ma nuit sur mon petit balcon et voir le jour se lever. Quelle ne fut pas ma stupéfaction lorsque j'ai aperçu dans le stationnement... mon bazou en morceaux ! Pendant la nuit, on avait volé la batterie, les pneus, les portes étaient à moitié arrachées, le reste vandalisé.

Ta route s'arrête ici... On te volera le reste...

Pouvait-il y avoir quelque chose de plus significatif ?

Ce fut ma dernière anecdote de bagnole...

Une route s'achevait...

* * *

J'ai fini par céder à la demande de mes parents qui souhaitaient toujours venir me donner un coup de main. La réalité était que je ne fonctionnais plus sans aide. Il était temps de libérer ma nièce afin qu'elle s'occupe de sa petite famille. Nous nous sommes terriblement attachées pendant toute cette période, et elle est devenue la fille que j'aurais aimé avoir. Tandis que moi, je suis devenue une mère qu'elle aurait souhaité avoir.

Or, désormais, elle était elle-même une jeune mère et sa fille demandait sa dévotion. C'est elle qui a appelé mes parents pour qu'ils viennent malgré ma position. De toute manière, mes réticences provenaient de mon orgueil. Je n'avais pas envie d'avouer à mes parents qu'ils avaient eu raison de me dire de ne pas quitter le Lac-Saint-Jean.

— Je le sais que j'ai commis une folie, maman ! Je le sais !

— Je ne t'accuse pas, Jano !

— Je sais... Mais j'ai empiré les choses.

156

— Non. Il ne faut pas le voir ainsi. Tu avais cette idée en tête de travailler et recommencer ta vie d'avant. Il fallait que tu le fasses pour savoir ce que tu sais maintenant.

— C'était une folie ! Une fuite ! Et j'ai honte.

— Et moi alors ? demanda mon fils en m'enveloppant contre lui, taquin. J'avais besoin de ma mère, moi ! Et puis, grand-maman, c'est de votre faute ! Vous êtes celle qui a gardé contact !

— Tu as raison, mon grand ! lui lançai-je en lui piquant un bisou sur la joue. J'ai fait une belle folie...

* * *

Ti-boutte commençait à faire des dégâts. Aussitôt que je me levais, il sortait, s'enroulait sur lui-même et me causait des crampes abominables. Cependant, tant qu'il retournait à l'intérieur... Le problème est que je passais désormais mon temps à surveiller ses allées et venues. J'avais de nouveau du sang dans mes selles, des accès de fièvres subit qu'on ne pouvait plus imputer à la pneumonie, puisqu'il n'y avait plus aucune tache sur mes poumons. Toujours pas de nouvelles du spécialiste...

Un après-midi, mon amie de l'école de chant est venue me visiter, les bras chargés de fleurs et d'autres gâteries pour tout le monde. Elle a tenu à parler à mes parents concernant la décision qu'elle avait été obligée de prendre à mon sujet. Je me souviens que ma mère pleurait. Entendre quelqu'un d'autre lui dire ce qu'elle ne cessait de répéter :

— Jano ne doit plus travailler ! Ça va la tuer. Il faut qu'elle comprenne !

Oh... J'avais compris. J'avais tellement peur quand je voyais le serpent se tortiller sous ma peau que le travail était le dernier de mes soucis. Et puis, j'avoue que j'avais une « écœurantite » aiguë. Penser à me planter encore une fois était au-delà de ce que je pouvais supporter. Je ne chercherais plus. J'avais fait un grand deuil sur ce navire. Fini la carrière…

De toute façon, ça n'avait plus aucune importance. Pour autant que j'en avais assez pour bouffer et dormir au chaud. L'Aide de dernier recours n'avait plus rien de honteux. Au contraire ! J'étais soulagée d'avoir au moins ça pour subsister. Mon médecin avait demandé six mois de repos sur le dernier rapport médical. J'avais été acceptée. (On m'accordait six mois pour la première fois !) Mais le but, désormais, était de demander du long terme. Je pense que je venais de démontrer ma bonne volonté ! Trois emplois que j'avais bousillés en essayant trop ! Mon école bousillée ! Mon ventre bousillé aussi ! Un nid de vipères ! Une pneumonie double pour couronner le tout !

On a voulu me remettre sur le marché du travail, voilà le résultat… Un beau bousillage !

Je jouais avec le bébé quand soudain une douleur fulgurante m'a arraché un cri. J'ai vite remis la petite à sa mère et quand j'ai vu le ti-boutte sorti long comme un doigt, le coude tordu. J'ai eu toute une frousse ! Pire encore ! Il ne retournait pas d'où il venait !

Branle-bas de combat ! On appelle tout de suite le 811 pour demander à une infirmière ce qu'elle en pensait et si elle me suggérait l'ambulance. Aussitôt qu'elle m'a entendue raconter la façon dont mon effronté de côlon se comportait en me sortant du corps, elle a suggéré d'appeler l'ambulance immédiatement, et de rester étendue sans bouger en attendant les secours.

— Vous êtes en urgence, madame. Une hernie étranglée est très grave !

Très grave... Une vingtaine de minutes plus tard, les secours arrivaient. Jamais de ma vie je n'ai vu deux gars aussi fascinés par ce qu'il se passait dans mon ventre. Les voilà tous les deux agenouillés près de moi, à observer la « chose » en faisant des commentaires exprimant leur grande curiosité.

— Hein ! ! ! T'as vu ça ? C'est incroyable ! Jamais on a vu aussi clairement le « péristaltisme » du côlon !

— Euh... Peeeeerdon ? Le péri... quoi ?

— Péristaltisme : ce sont les contractions de l'intestin. C'est la première fois qu'on voit le phénomène si près de la peau.

— Bon. On reste à s'amuser à regarder grouiller mon « périst... serpent » ou en s'en va à l'hôpital ? Je me suis fait dire que mon ti-boutte est en urgence !

* * *

La Cité de la Santé de Laval.

À mon arrivée, on m'a immédiatement installée sur une civière dans une des petites salles de l'urgence. Trois heures plus tard, j'ai pu voir un médecin complètement sidéré par ce qu'il voyait... Un autre de faire le commentaire :

— Mon Dieu ! J'ai jamais vu ça de toute ma carrière ! C'est fascinant !

— On devrait peut-être charger pour le spectacle...

— Si vous trouvez le moyen de blaguer, madame, alors vous n'êtes pas si malade que ça !

— Ne vous y trompez pas, docteur ! Plus je blague, plus j'ai mal !

— Le chirurgien s'en vient.

— Tiguidou…

Ils étaient trois lorsqu'ils sont revenus. Le chirurgien, le médecin qui m'avait vue et un autre qui a avoué être venu par curiosité.

— Nous étudions ces symptômes, or il est tellement rare qu'on puisse si bien voir comment ça se passe !

— Une petite chanson avec ça ?

Oups… Cette blague n'a pas passé. Le chirurgien se grattait la tête d'une main et tâtait ma bedaine de l'autre. Il poussa un grand soupir. Quoi ? Ça voulait dire quoi, ce soupir ?

— Écoutez, madame. Votre hernie est tellement grande qu'il n'y a plus que la peau qui retient vos intestins.

— Ça veut dire quoi, ça ?

— Que la situation est compliquée. Et simple. Regardez, une grande hernie nous permet de juste pousser les intestins à leur place.

Il se ferma le poing et le plongea dans mon ventre comme on pétrit une boule de pain. J'ai hurlé de douleur en voyant disparaître le gros nœud sous son poing. Et il n'avait pas encore fini ! Le voilà qui prenait le ti-boutte entre ses doigts pour le pincer et le forcer à retourner à l'intérieur. Et ça faisait mal !

— Voilà ! Vous n'avez qu'à rentrer la boule quand elle sort, c'est tout.

Je rêvais ou quoi ? On ne me soignait pas ? On me demandait de boulanger mon serpent ? Ma mère était indignée et le fut encore davantage quand le médecin lui lança :

— Tiens ! Vous êtes à la retraite ! Vous pouvez vous occuper de lui rentrer ça !

— Hey ! Ça veut dire quoi au juste ? rétorquai-je. Vous me laissez ainsi ? Sans me soigner ? En demandant à ma mère de me boulanger le ventre ?

— Je ne peux pas toucher à ce ventre-là, madame. Vos intestins doivent être collés à votre paroi abdominale. Après tant de chirurgies, c'est ce qui arrive. Je ne touche pas à ça. À moins d'avoir à opérer en urgence.

— J'étais pas en urgence quand je suis arrivée ?

— Vous l'étiez. Mais vous ne l'êtes plus. Tant qu'on peut repousser l'intestin à sa place. Et vous êtes déchirée du pubis au nombril. Le trou est grand en masse, c'est pour ça que c'est moins pire.

Moins pire… Moins pire ! Il venait de me dire que j'étais en urgence et que je ne l'étais pas. Je ne comprenais plus rien à son discours incohérent.

— Madame, vous avez été soignée au Lac-Saint-Jean. Vous devriez y retourner. Moi je ne touche pas à ça…

J'ai pété une crise. Ma mère m'a accompagnée. Il n'était pas question que je me boulange les tripes ! Il venait de dire que ça ne réglait rien, mais ça reculait l'urgence ! En furie, je l'ai regardé et je lui ai demandé de voir un autre médecin.

— Je vais vous garder pour la nuit, mais pas pour voir un autre médecin. Je voudrais que vous voyiez un psychiatre demain matin.

— Pourquoi un psychiatre ? Je viens pour mon ventre, pas pour ma tête !

— On veut s'assurer de votre état mental.

— Êtes-vous en train de me dire que je serais plus malade dans ma tête que dans mon ventre ?

Il n'a pas répondu et est sorti de la petite pièce. Je n'en revenais pas ! Non seulement il ne voulait pas me toucher, mais il me renvoyait au Lac-Saint-Jean, et me faisait voir un psychiatre ! Ok. Je vais le voir, son psy ! J'en ai assez vu que c'est pas un de plus qui va changer les choses !

* * *

Le lendemain matin, il était 8 h 15 quand je suis entrée dans le bureau du psychiatre. La rencontre n'a pas été longue. Après m'avoir écoutée pendant deux minutes, il m'a arrêtée.

— Madame, vous n'avez rien d'une dérangée mentale. Votre problème vient du fait que physiquement vous ne savez plus trop quoi faire et il faudrait qu'on vous soigne dans l'immédiat. Évidemment que votre moral le prend mal ! Mais je vais vous suggérer une chose : retournez au Lac-Saint-Jean. Vous serez immédiatement prise en charge. Ils ont vos dossiers. Ils connaissent votre cas. Et, je peux vous confirmer que le chirurgien qui vous traite là-bas est un des « top ». Il lui arrive de venir opérer ici. Il serait ironique que vous vous retrouviez ici sur une table d'opération et que votre chirurgien soit appelé pour vous opérer parce qu'il est le meilleur. Ne perdez pas votre temps ici. Et c'est exactement ce que je vais écrire sur mon rapport !

Ah ! Pas folle, la fille, qu'il a dit le psy ! Bon !

Retourner au Lac-Saint-Jean... Pour quand ? Combien de temps ? J'y reste où je reviens ? Revenir... Si je partais, il n'y avait pas de retour possible. C'était une évidence qui me frappait de plein fouet. Et je sentais une révolte bouillir au fond de moi. Je n'acceptais pas cette solution ! Retourner voulait dire faire d'autres deuils. De grands deuils. Retourner voulait dire que je me séparerais de mon fils et de mes enfants adoptifs.

Non! Pas mes enfants! Pas encore la maudite solitude! Fini les rires et les babillages de la petite...

J'avais le cœur brisé.

Je m'attendais bien à ce qu'on me donne mon congé de l'urgence quand on est venu chercher ma civière pour m'entraîner dans les couloirs de l'hôpital.

— On m'hospitalise?

— Non. Vous allez en « salle de débordement ». Vous verrez un autre médecin plus tard.

Un autre médecin en « salle de débordement »... On avait changé d'idée depuis la veille en me faisant voir un autre médecin! Mais la salle de débordement, j'aurais préféré m'en passer. Des malades entassés comme des sardines dans leur boîte, un simple rideau séparant les civières, aucun espace pour la personne qui accompagne le malade. Le personnel médical débordé, toujours à la course, tentant de répondre à dix appels à la fois.

De temps en temps, une pauvre folle, attachée à sa chaise pour ne pas se faire de mal, beuglait des obscénités. Le personnel la connaissait bien; on disait qu'elle était une « régulière ». Il n'y avait rien à faire d'autre que d'attendre qu'elle se calme.

Le vieux monsieur voisin de ma civière pleurait. On voulait lui donner son congé et il n'avait nulle part où aller. Sa famille ne pouvait plus s'occuper de lui, il était trop malade! On l'avait envoyé à l'hôpital pour ces raisons-là... On lui donna son congé quand même...

C'était triste. Je m'ennuyais de mon hôpital de Roberval. C'était tellement plus simple, plus calme, plus humain autant pour le malade que pour le soignant. Et ça commençait déjà à influencer ma décision...

J'étais là depuis quelques heures à discuter avec ma mère
d'un possible retour au Lac-Saint-Jean quand une jeune
femme est arrivée. C'était le médecin. Comme il fallait s'y
attendre, elle aussi fut fascinée et même charmée par la
« danse du serpent » dans mon abdomen ! On allait faire
quoi avec cette chose !

— Vous devez voir un spécialiste.

— Mais ! Ça fait des semaines que j'attends de voir un
spécialiste !

— Je ne peux rien faire avec votre ventre, madame.
Il faut absolument un rendez-vous avec le spécialiste. Je
peux tenter de faire un rapport qui fera avancer les choses.
Mais vous avez été soignée à Roberval, je vous suggère d'y
retourner. Votre cas est très compliqué. Si vous voulez, je
peux vous garder pour la nuit.

— Pourquoi ? Je pourrais voir le spécialiste demain ?
D'autres tests ?

— Non. Pour vous faire voir un psychiatre.

J'étais en « beau maudit » ! Elle voulait me faire voir un
autre psychiatre ? Non mais ! C'était une manie, ou quoi,
dans cet hôpital ? Je me suis levée de la civière et j'ai jeté
un regard complice à ma mère qui ne perdit pas de temps
et commença à ramasser mes affaires. Elle me tendit mon
jean et mon chandail sous l'œil perplexe du médecin. En
m'habillant, je l'informai de mes intentions.

— Je m'en vais, docteur ! J'ai vu un psychiatre ce matin !
Si vous avez lu mon dossier, vous devriez avoir vu le rapport du psychiatre. Je ne vois absolument pas l'intérêt d'en
voir un autre ! Je m'en vais !

— Vous allez quand même devoir vous occuper de votre ventre assez rapidement. Le spécialiste va vous appeler sous peu.

— Au point où j'en suis, madame, vous pouvez faire ce que vous voulez. Moi, je vais aller me faire soigner au Lac-Saint-Jean. C'est exactement ça que je vais faire ! Vous savez, si j'étais là-bas, à l'heure qu'il est, je serais déjà opérée et en salle de réveil ! Je n'ai plus de temps à perdre. Donnez-moi mon congé.

Elle me l'a donné. Mais je n'ai pas attendu qu'on revienne avec mes cartes.

J'ai foutu le camp.

19

Il fallait tout organiser et nous avions peu de temps. Peu de temps pour des décisions qui changeraient à jamais mon existence. Et celle de mes parents. Si je partais, c'était pour ne pas revenir. J'ai pesé le pour et le contre, car il y avait beaucoup en jeu. Revenir n'était plus du tout dans les choix qui s'offraient à moi. Monétairement autant que physiquement, la grande ville venait avec son lot de difficultés que désormais je ne pouvais plus affronter. Mes amis d'avant ? Les plus précieux seraient toujours là. Ils me l'avaient prouvé...

Or, contrairement au premier départ, celui de ma fuite de la Floride presque six ans auparavant, ce n'était pas l'urgence, la fuite, la peur, le danger, et tout ça dans trois valises, qui motivaient mes choix ! Non. Cette fois c'était une question de survie. Et de qualité de vie. J'allais partir avec trois valises, mais ce n'était rien, comparé à ce que je devais laisser derrière...

La « déchirure » ne pouvait que se vivre autrement. J'avais retrouvé mon fils. Je ne divorçais pas d'un pervers narcissique et j'avais des meubles. Ma vie était tout juste réorganisée ! Et vlan ! Tout devait être balayé à nouveau...

Mes parents prirent les rendez-vous avec les médecins du Lac-Saint-Jean. Ils voulaient me voir... dans trois jours. TROIS JOURS ! Comment allait-on réussir ça ? On avait un appartement à vider, et on n'avait pas le temps de le faire, il fallait laisser la responsabilité à quelqu'un! Le bail devait être brisé, le téléphone, Hydro, le câble et Internet, annulés. Quoi d'autre? Les changements d'adresse les plus urgents.

C'était un monstre de « déchirure ». Ma pauvre nièce et son conjoint allaient se retrouver avec tout ça sur les bras. Ma culpabilité était tellement grande que je croyais que le cœur allait m'éclater. Trois jours... Pour partir presque sauvagement. Ils étaient si jeunes, si dévoués et ils en avaient déjà trop fait pour moi! Ça n'avait aucun bon sens. Aucun... C'était pourtant l'unique solution à envisager si je voulais être aux rendez-vous que m'imposaient les médecins. De plus, ils voulaient le faire et tentaient d'alléger mes tourments.

Ironie du sort, le jour même de ma décision et du début de l'organisation du départ pour Roberval, j'ai reçu un appel de la secrétaire du... spécialiste!!! Elle pouvait me donner un rendez-vous dans deux semaines. Si je voulais changer d'idée, c'était le temps.

Pourtant, je n'ai pas hésité une seconde!

— Il est trop tard, mademoiselle. Je vais me faire soigner ailleurs.

— Ah bon? Vous ne voulez pas de rendez-vous alors? Où allez-vous?

— Non, pas de rendez-vous. Je m'en vais à Roberval.

J'ai éclaté en pleurs en raccrochant le téléphone. Ma mère m'a imitée. Mon père avait cet air de soulagement, quand il a un demi-sourire et qu'il ferme les yeux en penchant la tête. Ils étaient soulagés de ma décision.

Je l'étais aussi.

168

Mes parents étaient venus en autobus, ils n'avaient donc pas de véhicule. Le mien, il allait rester là où il était avec ses morceaux manquants. Il nous fallait de l'aide et un véhicule pour partir. Nous avons songé à mon frère qui habite Sainte-Julie, sur la rive sud de Montréal. Il était le plus proche et, à vrai dire, notre seul recours.

Aucune hésitation de sa part! Le lendemain matin, il était chez moi avec sa conjointe et chargeait sa camionnette de tout ce que je pouvais emporter. Il a aménagé le siège arrière pour que je puisse m'étendre pendant les longues heures de route. Couvertures, oreillers, musique... Mes parents se sont installés confortablement dans le spacieux véhicule.

J'étais extrêmement faible et je n'avais aucune force dans les jambes. Il n'y avait plus moyen de bouger sans réveiller le serpent et la douleur. Je ne faisais plus que me tenir le ventre pour tenter de le contrôler. Quand on faisait un arrêt, on devait m'aider à marcher. Je ne pouvais plus m'asseoir.

J'étais dans un état épouvantable.

J'avais laissé toutes les responsabilités à ma nièce et mon fils... Mettre mes meubles en entreposage jusqu'à ce que je sois soignée et que je puisse prendre une décision sur mon avenir, tout vider, nettoyer. Quelle générosité... Je ne leur ai pas laissé le choix non plus. C'était une question de survie...

J'apprenais une grande leçon. Mon orgueil m'avait menée là. Mais je n'avais pas de regrets. Si je n'avais pas eu d'orgueil, je n'aurais pas été si proche de mon fils. Je n'aurais pas eu la petite famille qui m'avait fait toucher au bonheur. La petite a fait ses premiers pas chez nous. Elle était bien et en sécurité chez nous. Preuve que je pouvais construire un intérieur sain.

Je quittais les lieux avec le souvenir de ces beaux moments à chérir quand j'allais me sentir trop seule. Je partais le cœur en miettes, mais je laissais derrière des amours… Je savais que je m'ennuierais à mourir et que ce serait une autre déchirure.

Mais je ne partais pas les mains vides. Mon corps avait mangé un coup dur, mais mon âme s'était libérée. Au lieu de quitter cette endroit dans la destruction, je laissais à mes amours ce que nous avions bâti ensemble. J'emportais leurs sentiments avec moi. Et j'allais en avoir besoin, car je m'alignais pour une longue et pénible épreuve.

Rien n'arrive pour rien.

* * *

— *Madame Bergeron? Madame Bergeron! Restez avec nous…*

…

— *Sa tension artérielle grimpe encore! Madame Bergeron? Vous m'entendez?*

…

— *Oxygène, vite! Madame Bergeron? Réveillez-vous! Jano!!!*

— *Donnez-moi… Donnez-moi de l'oxygène…*

— *Oui, nous vous en donnons à l'instant!*

— *Non! La chanson de Diane Dufresne. Une… blague.*

— *Ah ah ah! Alors vous êtes bien avec nous! Où vous trouvez-vous?*

— *En salle de réveil… J'aimerais mieux mon chalet… imaginaire…*

170

— *Vous y serez sous peu. Ne vous fatiguez pas. Votre tension artérielle est très élevée. Nous devons la contrôler avant de vous ramener à votre chambre... ou à votre chalet, avec vos canards...*

— *Mes canards.... et mes can...*

* * *

— Vous avez eu de la chance, madame Bergeron. Dans votre état, normalement, un malade ne fait pas trente-six heures, me dit mon chirurgien. Vous l'avez échappé belle. Mais votre système digestif est paralysé. Nous allons tout faire pour ne pas avoir à vous ouvrir de nouveau.

Des complications...

Chaque chirurgie en causait davantage. Pour chaque complication, davantage de tubes. Chaque tube devait se connecter à davantage de machines. Et moi, je tentais de trouver une position dans mon lit, dans mon espace, afin d'être plus à l'aise et de me créer un peu d'intimité.

Mes voisines de chambres ne me facilitaient pas toujours les choses. Je fermais les rideaux pour avoir un peu de paix. Pour dormir ou pour laisser ma mère me laver. J'étais trop fatiguée pour commencer à répondre aux questions d'étrangers visitant la voisine qui se vantait d'avoir Jano Bergeron dans sa chambre. C'était tellement épuisant. Surtout que parfois, la chambre était pleine de visiteurs, et ce, à toute heure du jour. Un après-midi, j'en ai compté quatorze, incluant des enfants et des ados qui faisaient le party. Le petit de deux ans venait tirer sur mes fils, la jeune de treize ans chialait que ça « puait » dans la chambre, en se pinçant le nez de dégoût.

C'était trop. Déjà que souffrir d'une maladie des intestins peut être humiliant. Les chaises d'aisance, les lavements, les sondes, les sacs temporaires, les odeurs venant avec, les vomissements continus, le drainage par les tubes allant à l'estomac de ce qui normalement devrait être évacué par l'intestin...

Je vous l'avoue... par bouts... c'est dégueulasse !

Ça l'est pour le malade tout comme pour ceux qui le soignent. Il y a une sorte de sentiment de dégradation quand on doit se laisser « nettoyer » par les autres. Alors, imaginez quand des inconnus, des visiteurs en bonne santé, dans une chambre d'hôpital, font des commentaires humiliants.

Ça n'a rien à voir avec le fait d'être reconnue ou pas. Ces maladies, on n'en parle pas trop, on tait les détails, ce n'est pas « noble » comme le cancer du sein.

J'ai parlé à l'infirmière de mon malaise, du repos que j'étais censée prendre alors que la chambre était toujours pleine ! Je fermais mes rideaux, mais on me dérangeait quand même ! L'infirmière a eu la délicatesse d'aller parler à la malade d'à côté et à son « assemblée » bruyante.

— Madame Unetelle, pourquoi n'allez-vous pas au petit salon aménagé pour la famille et les visiteurs ? Vous devez constater que votre voisine est très malade. Nous avons des soins à lui donner et il faudrait un peu de tranquillité.

Bon ! Enfin un peu de silence...

J'ai été « connectée » à mes machines pendant une bonne dizaine de jours. Une nuit, j'ai rêvé à cette scène du film *La Matrice*, celle où les bébés sont connectés et gardés en vie par les machines vivantes. J'étais un de ces bébés. Au réveil, les choses n'étaient pas vraiment différentes. Je n'étais plus un bébé, mais je demandais autant de soins qu'un nouveau-né prématuré.

Il fallait que je bouge un peu. Que je tente de m'asseoir ou de faire quelques pas, pour éviter d'ankyloser dans le lit. Quand on arrivait finalement à me mettre debout, j'avais l'air d'un pantin articulé par les tubes… Pour m'asseoir, il fallait faire suivre les poteaux et les mêmes machines.

Je préférais m'évader à mon chalet…

* * *

Mon moral n'avait pas encore eu le temps de capter tout ce qui se passait. Toutefois, comme l'expérience que je vivais ne m'était pas inconnue, et que je ne pleurais pas pour mon fils, j'étais capable de plus de lucidité et de résilience. Je connaissais mes bobos, je voyais venir les symptômes et j'avertissais. L'esprit moins lourd, mon imaginaire décollait. J'ai conçu un nombre incalculable de toiles dans ces périodes où je n'avais que ça à faire : penser.

Plus tard, je me promettais de les réaliser.

La plupart de mes idées de « pluggée » ont été peintes !

Ce n'était pas facile pour autant. Certains jours, je perdais tout espoir et je ne voulais plus rien savoir. Qu'on me laisse dormir ! Malheureusement, c'est toujours dans ces moments-là qu'on veut nous garder éveillé ! Et nous traîner hors du lit pour nous forcer à songer à autre chose qu'au sommeil.

Mon chirurgien s'inquiétait. Il ne pouvait pas rajouter davantage de tubes ! Même la « voie centrale » me nourrissait déjà depuis plusieurs jours.

— Il va falloir vous ouvrir de nouveau, madame Bergeron. Votre état va continuer d'empirer si nous n'allons pas voir ce qui se passe dans votre système digestif.

Ça devient urgent. Je vais faire préparer la salle d'opération pour demain après-midi. Vous êtes d'accord ?

— Tiguidou.

— Ah ah ah ! Là, je vous reconnais ! Bon, soyons un peu plus sérieux. Je préférerais ne pas avoir à opérer, car j'ai peur que vous ne passiez pas à travers. Vous êtes très solide et vous me surprenez à chaque fois. Mais les choses se compliquent de plus en plus avec le temps.

— J'ai confiance en vous, docteur. Vous m'avez défait un nœud d'intestin gros comme un pamplemousse avant qu'il n'éclate ! Vous êtes mon chirurgien « Samuraï » !

— Bien ! Votre moral semble bon. Ça vous aide grandement. Nous avons également refait votre ventre et installé une paroi interne, un genre de grillage placé entre l'abdomen et l'intestin, pour remplacer les tissus abîmés. Une chirurgienne esthétique a fait le reste. Vous n'avez plus de serpent !

20

Le lendemain, j'ai passé un scanner pour voir s'il y avait des changements dans mon corps. Rien. Aucun mouvement provenant de mes boyaux. Et rien qui démontrait une amélioration. Il fallait donc commencer à me préparer pour la chirurgie.

— La salle est prête pour quatorze heures, madame Bergeron.

Ma mère n'y croyait pas. Elle ne cessait de me dire que je ne serais pas opérée.

Maman a toujours eu un petit côté « sorcière » dans le sens péjoratif du terme. Je ne sais combien de fois ses prémonitions se sont avérées justes. Si je les avais écoutées plus souvent, j'aurais évité bien des faux pas ! Surtout que nous avons toujours eu cette connexion unique. Elle me transmet sans le vouloir ses pressentiments, ses intuitions, ses présages.

J'avais appris à apprécier la prière sur le bateau de croisière. Pas à genoux, les mains jointes. Dans mes gestes et mes pensées, j'intégrais la notion du « sacré ». Mon corps était « sacré », je priais pour mon corps. Je lui construisais un sanctuaire bien à lui, comme j'ai construit mon chalet imaginaire dans les moments de grandes douleurs et de craintes. J'avais besoin d'un havre de paix où me réfugier.

Ma mère est croyante. Sans pourtant être une pratiquante assidue, elle prie pour ceux qu'elle aime. Lorsqu'elle a ses intuitions, elle prie pour bien les comprendre.

Ce jour-là, nous avons prié ensemble. Une autre chirurgie pouvait me tuer. Mais si on ne m'opérait pas, j'allais mourir…

— Tu ne seras pas opérée, Jano… Je le sens. Quelque chose va se passer avant, me dit ma mère, confiante et douce. Tu vas voir, fais-moi confiance, tu n'iras pas sur la table d'opération. J'ai l'intuition que ça n'arrivera pas…

Il était treize heures. Seulement une heure avant qu'on… même pas! On opérait dans une heure! Si les prières et les prédictions de ma mère devaient fonctionner, il fallait que ça se fasse maintenant!

Étonnamment, j'étais très calme. Moi non plus je ne me voyais pas en salle d'opération. Je n'étais pas du tout pressée et je blaguais avec mon père et les infirmières qui raffolaient de son «sucre à la crème». Il en apportait toujours et faisait la tournée. C'était devenu une tradition d'apporter son sucre à crème — cuisiné le jour même —, quand j'étais hospitalisée. Sinon, quelqu'un sur l'étage le lui rappelait!

Lorsque vint l'heure de la préparation, avant de m'installer la sonde, on m'a assise sur la chaise d'aisance pour que je vide d'abord ma vessie. J'ai soudain ressenti une violente crampe. Le temps qu'elle arrive et reparte — ce qui s'est fait assez rapidement —, je me suis levée de la chaise et, en regardant dedans, j'ai vu… le résultat de la crampe! Un beau gros «débloquage» qui remplissait le bol! Je ne l'avais même pas senti passer!

— Maman! Papa! J'ai débloqué! J'AI DÉBLOQUÉ!

Malgré le tube qui obstruait ma gorge, j'ai crié si fort que j'ai alerté les infirmières.

— Que se passe-t-il ? Que se passe-t-il, madame Bergeron ?

— Regardez, dis-je en montrant ce qu'il y avait dans le trou de la chaise, comme un enfant fier de montrer à maman et papa ce qu'il a fait dans le petit pot.

— Aaaaaaaah ! Merveilleux ! Nous allons tout de suite appeler le chirurgien pour annuler la salle d'opération ! Nous venions justement vous chercher pour vous y emmener !

Ma mère était calme comme à l'habitude. Elle observait la situation comme si tout était normal. Son intuition s'était avérée juste. Quelque chose était arrivé ! Je n'allais pas être opérée !

Mon chirurgien Samurai est entré d'un pas vigoureux dans la chambre. Son sourire en disait long sur son soulagement.

— Eh bien, madame Bergeron ! Vous ne cesserez jamais de me surprendre ! Laissez-moi vous examiner, dit-il en tâtant mon ventre. Le mouvement a bel et bien recommencé. Il n'y a plus de paralysie. Nous pouvons annuler l'opération. Vous êtes une force de la nature ! On va commencer à vous enlever ces tubes sous peu. Je vous dis bravo ! Vous êtes une patiente positive et forte. Nous venons d'éviter une catastrophe.

Ma mère souriait. Pas un mot. Tout à coup, le médecin s'adressa à elle :

— Madame Bergeron, vous sa mère, vous êtes croyante, n'est-ce pas ?

— Oui. Je prie pour qu'elle ne souffre pas. Je prie pour vous quand vous l'opérez. J'ai confiance. Je savais qu'aujourd'hui, il n'y aurait pas d'opération. Ça ne m'inquiétait pas. Pour qu'un miracle arrive, il faut y croire…

— Vous avez raison. Continuez de croire ! Votre fille est un miracle.

* * *

Quand on se retrouve enfin libre de tout l'attirail de tubes et de solutés, c'est presque un plaisir jouissif que d'enfiler un pyjama confortable et de manger un « jello » qui, croyez-moi, après tant de temps sans bouffer, est digne d'un repas de haute gastronomie !

J'avais de nouveau un beau ventre plat. Faut dire que j'avais beaucoup maigri en plus d'accoucher d'un serpent. Je retrouvais mon corps sans déformation, ce qui me donna un regain de coquetterie. J'allais enfin pouvoir porter de beaux vêtements qui tombent bien sur une silhouette harmonieuse !

Un matin, mon chirurgien Samurai est entré dans ma chambre, me trouvant dans ma chaise, bien coiffée, légèrement maquillée, habillée d'un pyjama tout neuf et élégant.

— Madame Bergeron ! Je ne vous ai presque pas reconnue sans vos tubes !

— Il y avait une femme en dessous !

— Oui. Vous êtes très jolie et ça fait plaisir de vous voir sur pied. Votre médecin de famille et mon assistante s'en viennent, car nous avons à discuter.

— Mes parents restent ?

— Oui. Ils restent. Une petite réunion de famille.

On en était là. Lorsque survient le « conseil de bande », c'est l'heure des vraies affaires. Diagnostics, convalescence et… séquelles, nouvelles incapacités, médication, alimentation, etc. Comme mes parents étaient mes aidants naturels, ils devaient toujours assister au « conseil de bande ». (Mon expression pour ces réunions avant de me donner congé de l'hôpital.)

L'assistante chirurgienne, une jeune femme brune et dynamique, est entrée, accompagnée de mon médecin de famille comme toujours habillé de chemises aux couleurs vives faisant ressortir son visage de gamin aux joues rouges. Mon chirurgien, très grand et mince, avait une abondante chevelure blanche qui lui couronnait la tête et tombait dans ses lunettes noires. Il prit la parole :

— Vous avez une capacité de guérison incroyable, madame Bergeron. Surtout après tout ce que vous avez passé ! Mais ce n'est pas une raison pour ne pas voir les choses en face. Vous avez encore failli y laisser votre peau. Votre corps est abîmé. Il faut le prendre en considération dans vos choix futurs.

Mon médecin de famille continua :

— Il faut que vous restiez ici avec nous. Nous savons que vous avez encore des décisions à prendre, mais vous êtes fragilisée à jamais. Nous pouvons vous signer les papiers nécessaires pour vous déclarer inapte au travail de façon permanente. Vous devez vous considérer désormais comme invalide. Vos parents vont vous soutenir comme toujours, mais il ne faut pas oublier qu'ils ont plus de soixante-quinze ans. Il faut aussi tenter de les ménager.

— Ils ne pourront pas revenir me chercher encore bien des fois, répondis-je presque dans un souffle, consciente des efforts et du stress qu'ils venaient encore de déployer pour me sauver la vie.

— Il faut prendre soin de vous maintenant, ordonna le chirurgien. À plein temps ! Et ce n'est pas à prendre à la légère, car c'est votre vie qui est en jeu. Vous ne pouvez plus travailler. Désormais, vous occuper de votre santé devrait être votre emploi à plein temps ! Nous devons veiller sur vous de très près. Vous ne pourrez plus jamais retrouver la capacité d'aller travailler. Vos petites escapades ont eu des conséquences graves. Vous le savez maintenant. Nous connaissons votre situation particulière, encore un déménagement et un retour en urgence. Mais il faut que ce soit la dernière fois. Votre corps ne peut plus subir ça. Nous vous aiderons. Vous verrez une nutritionniste et nous parlerons également à votre psychiatre pour s'assurer que vous avez un suivi adéquat. Votre moral doit tenir le coup.

— Vous êtes une jeune retraitée ! Bravo ! ajouta l'assistante. Vous pouvez prendre tout votre temps pour vous.

— Oui, continua le chirurgien. Profitez-en pour faire ce que vous aimez. Consacrez-vous à votre peinture, écrivez les histoires que vous nous racontez en salle d'opération. Vous avez un imaginaire débordant ! Occupez votre esprit et donnez un « break » à votre corps. Nous, on fait notre travail du mieux qu'on peut, mais il faut que vous fassiez votre part. Il est temps de changer de vie.

* * *

Changer de vie… Oublier mes petites escapades… *Fais tes deuils, la mère. Ta route ne fait pas que s'achever, elle se termine à un précipice. Il n'y a plus à contourner pour aller de l'avant. Il faut construire une nouvelle route…*

Je n'avais plus aucune intention d'aller construire ailleurs ni de retourner en arrière. Les résultats impliquaient désormais tous les membres de ma famille. Mes parents étaient venus à ma rescousse déjà trop souvent à la suite de mes escapades. Ils avaient plus de soixante-quinze ans.

Il fallait en finir une bonne fois pour toutes avec l'orgueil et la fuite ! *Fais ton deuil, la mère. Regarde autour de toi, on t'aide, mais arrête de te foutre dans le pétrin ! Tu as une famille qui te soutient. Arrête de les faire capoter avec tes urgences ! Réveille ! Prends tes responsabilités. Un jour, ils vont se tanner si tu leur en demandes trop...*

J'avais tant à comprendre, à évaluer, à assimiler, à accepter comme une évidence. Organiser ma sortie de l'hôpital n'était pas le plus malaisé à faire. Mes parents m'ouvraient de nouveau leur maison pour ma convalescence. Comme il m'était impossible de monter et descendre les escaliers menant à celle que j'avais l'habitude d'occuper au sous-sol, ils m'ont donné leur propre chambre ! Même si j'avais protesté, ils n'auraient pas fait de changements, car ils savaient que ce serait plus confortable pour moi.

J'espérais pouvoir quitter l'hôpital avant mon anniversaire qui était tout proche. Mais je devais attendre d'être suffisamment solide pour ne pas causer de complications. J'étais fragile et chaque jour de ma vie présente et future, il faudrait que je m'en souvienne. Ma vie était une responsabilité.

Une préposée de mon étage que je connaissais déjà depuis plusieurs années — depuis le temps que je fréquentais cet hôpital, c'était comme si j'étais chez moi — venait tous les jours me porter de l'eau glacée au réveil et au midi en semant sa bonne humeur autour de mon lit. Un jour, elle me dit :

— Oooooh ! J'ai des bébés chiens à la maison ! Tu veux voir les photos ?

— Oui! J'aimerais beaucoup! Tu vas me faire tomber en amour!

— Quand je vais terminer mon travail, je passerai te les montrer.

Je suis effectivement tombée en amour... Mes parents étaient présents lorsqu'elle est venue nous montrer les photos. Parmi les quatre — des croisés «Shitsu» et «Chiwawa» —, il y avait une petite femelle noir et blanc, la seule parmi les petites boulottes caramel et brun, qui semblait plus vive que les autres.

Oh! Comme j'aurais aimé avoir un petit chien! Mais le moment était mal choisi. Officiellement, je n'avais pas encore un foyer. De plus, j'étais en convalescence pour plusieurs mois. J'ignorais jusqu'à quand je serais chez mes parents. Choisir un chiot à ce moment n'était pas possible.

— Pense à ça, me dit-elle avant de partir. Ils seront sevrés dans quelques semaines.

C'est sûr que j'allais y penser! Je n'arrêtais plus d'y penser! Changer de vie... Un chiot serait déjà un changement. Je n'en avais jamais eu sous prétexte que ma vie de bohème ne pouvait pas convenir à un chien. Mais la vie de bohème figurait parmi les deuils à faire.

Et puis, j'avais appris à aimer le petit chien de mes parents. Une Papillon croisée avec du Poméranien. C'était décidé. J'allais réorganiser ma vie, et j'aurais un chiot. C'était un but!

* * *

J'ai quitté l'hôpital deux jours avant mon anniversaire, au début novembre 2009. J'étais heureuse. Il y avait eu par le passé trop d'anniversaires ratés, trop de déception devant les efforts de mes parents et mes amis pour me célébrer. Combien de fois j'ai souffert le martyre pendant que mes amis tentaient de m'amuser. Mes cousines devaient me ramener chez moi car je souffrais trop. Mes parents ont organisé des fêtes surprises qui se sont terminées à l'urgence…

J'allais avoir cinquante et un ans. Je devais me construire une nouvelle route, me bâtir une qualité de vie, me donner priorité sur tout. Et ce n'était pas uniquement des résolutions qui devaient durer le temps d'une lubie. J'étais la priorité.

J'étais une femme de cinquante et un ans, abîmée, recollée par morceaux à certains endroits, et beaucoup de travail m'attendait pour m'adapter à ma nouvelle manière de vivre. Mais mon esprit était fort, créatif, et avait envie de s'envoler. Si je ne pouvais plus vivre d'aventures physiques, j'entendais les faire par l'esprit !

Internet nous permet de « globe-trotter » partout et en tout temps.

Le jour de mon anniversaire, ma mère m'a avoué n'avoir pas fait d'invitations au cas où… Ça ne me dérangeait pas. Puisque je n'étais pas forte, il valait mieux en profiter tranquillement. En début d'après-midi, on a sonné à la porte. Hmmm. Ma mère avait pourtant bien dit qu'elle n'avait invité personne.

Imaginez ma surprise quand j'ai vu entrer la préposée de l'hôpital qui venait me livrer un colis spécial : mon bébé chien dans une sacoche ! Elle était si petite que je pouvais la tenir dans la paume de ma main. Ce fut un coup de foudre mutuel instantané.

Comme elle avait une espèce d'aigrette blanche qui ressemblait à un « mohawk », je l'ai appelée Rebelle.

21

Je devais sans plus tarder mettre de l'ordre dans mes affaires. J'avais maintenant des meubles ainsi que beaucoup de vaisselle, serviettes, ustensiles, entreposés à deux endroits. Ce qui se trouvait dans le garage de mes parents n'était pas un problème. En revanche, ce que j'avais laissé à Laval exigeait une attention immédiate.

Après avoir vidé l'appartement que j'avais laissé sous sa responsabilité, ma nièce avait — faute de mieux et parce qu'elle était à la dernière minute — entreposé mes choses, dans un petite remise qui coûtait une centaine de dollars par mois. Ça saute un budget assez rapidement, surtout quand on sait qu'on ne retournera pas les chercher... Du moins, pas soi-même.

Mon autre frère est intervenu comme un vrai chevalier servant, quand je lui ai expliqué ma situation à grands coups de sanglots. Je suis une sœur unique choyée! Une semaine plus tard, sa femme et lui allaient chercher tout mon ménage pour l'emporter chez eux jusqu'à ce que je sache où j'irais vivre. J'étais tellement soulagée!

J'ai dû m'occuper des morceaux de bagnole qui traînaient encore dans la cour de l'appartement de Laval. Je les ai vendus pour une « poignée de peanuts » à l'ami de ma nièce.

Ensuite, les papiers. Une tonne de papiers ! Voir si j'avais droit à la Régie des rentes du Québec. Je l'aurais eu, à dix-neuf cents par mois… Un travailleur autonome a des avantages, mais aussi des inconvénients. Par contre, je suis passée de l'Aide de dernier recours à la « Solidarité sociale » avec contraintes sévères à l'emploi. Bon ! Enfin un montant décent pour vivre ! Pas riche, mais en budgétant bien, je pouvais m'organiser. Fini les rapports médicaux à fournir à tout bout de champ ! Une bonne affaire de réglée.

Quand on sait qu'on peut compter sur un salaire régulier, c'est un stress de moins, et comme je ne supportais plus aucun stress sans aggraver mon état, il fallait tout régler et ne rien laisser traîner.

Pendant ce temps, Rebelle, ma nouvelle petite compagne, grandissait dans mon sac à tricot, quand elle ne trottinait pas derrière l'autre petit chien qu'elle prenait pour sa mère ! Source de fou rire garanti comme un phare dans le brouillard de mes émotions troubles.

Mon moral passait un mauvais moment. Or, la priorité de me soigner et de changer de vie n'était pas ce qui me bouleversait. Je vivais une révolte face aux événements qui m'avaient ramenée au point de départ. Encore obligée d'accepter l'aide de mes parents — de nouveau venus me chercher dans la détresse —, en attendant que mon corps me permette de bouger. Et même bouger devait se faire petit à petit en respectant mes incapacités et les fragilités pouvant devenir dangereuses.

J'étais de retour au Lac-Saint-Jean. De mon plein gré, car j'aurais bien pu me faire soigner à Montréal. J'ai toujours aimé « boulanger » et j'ai longtemps fait mon pain moi-même, mais pas question de me boulanger les tripes ! Donc ce fut un choix « obligé » et non pas un choix qu'on prend en toute liberté : *Ah Tiens ! Je désire vraiment aller vivre au Lac-Saint-Jean. Essayer ça pendant un certain temps, voir si j'aime ça. Si je m'emmerde, j'irai voir ailleurs...*

Cette liberté-là n'était plus. Un autre deuil à faire. La réalité était que je me sentais comme une bombe à retardement. Je ne savais jamais quand ça sauterait, ni ne pouvais prévoir la soudaineté et la gravité des attaques. Alors oui, mon moral en prenait un coup. Le nombre de deuils que j'avais à faire ne cessait d'augmenter. Heureusement que j'avais du soutien. J'étais désormais beaucoup mieux entourée, outillée et informée.

Le CLSC ne m'a pas lâchée. Pour chaque difficulté physique ou morale, on m'envoyait l'aide avec l'intervenant adéquat. Ainsi, un pas à la fois, un jour à la fois, je me suis remise. Et malgré les accès de mélancolie allant jusqu'à la colère qui m'assaillaient, la combattante en moi reprenait le dessus. Mais attention ! Fini les coups d'épée dans l'eau ! Ma psy me disait qu'il fallait choisir ses combats. Il me restait donc des choix, plusieurs même ! J'allais travailler à me construire une petite vie tranquille, sans tenter d'aller voir si le gazon était plus vert ailleurs.

J'avais touché au bonheur, je voulais y toucher encore, et le faire durer.

C'était, vous vous en doutez bien, plus facile à dire qu'à faire ! Mais j'avais des nouvelles régulières de ma nièce et de mon fils. Malgré cela, ils me manquaient terriblement et quand je voyais des photos de la petite, je pleurais parce que je ne voulais pas qu'elle oublie un jour sa « Mamou ».

Ce qui me tracassait le plus était le fait que je sois encore sous la responsabilité de mes parents. Je sentais bien que la charge émotive que leur causaient mes urgences était très lourde. Les soins qui devaient suivre également.

Je visais l'autonomie, sans trop forcer les choses, car je savais que chercher à aller trop vite nuirait à ma santé. Je posais des questions à mes médecins et même si les réponses ne faisaient pas toujours mon affaire, je souhaitais sincèrement assumer. J'ai commencé à prendre conscience de la chance que j'avais. Mes parents, mes frères, de l'air pur, un chien, une nouvelle direction qui s'offrait à moi. Je commençais vraiment à me sentir chez moi dans cette région. Mais il faut dire que j'arrivais désormais à tout voir d'un autre œil.

J'ai commencé à me chercher un logement. J'ai choisi de regarder du côté de Roberval pour plusieurs raisons : l'hôpital et les médecins, la route de vingt-cinq minutes, les quelques nouveaux amis. Il était facile d'organiser l'aide domestique dont j'allais avoir besoin. J'ai trouvé tout près de l'hôpital. Cependant, il n'était pas question de « partir en fou » ! J'ai alors prévu de déménager en avril suivant.

* * *

Ma mère a toujours aimé lire des ouvrages de psychologie et de croissance personnelle. Un matin, j'en ai trouvé un qui traînait à côté de la toilette : *Réparer sa route de vie* par Louise Reid. J'ai trouvé le sujet intéressant et j'ai entamé la lecture. L'auteure nous invitait à regarder notre vie comme une route. Quand de grandes épreuves arrivent, la route s'abîme. Il faut alors la réparer. *Ta route s'achève...*

Ma route n'était pas réparable. Elle se terminait sur le bord d'un précipice. Retourner sur mes pas n'était plus possible. Je devais trouver le moyen de construire une nouvelle route, dont je serais l'architecte du début jusqu'à la fin. Pas une mince affaire !

J'ai médité longtemps sur la façon de la bâtir. Car le seul moyen était de créer un pont pour traverser le précipice qui me mènerait enfin à destination. Sur le bord du lac Saint-Jean...

Parfois, on me disait : « *Compte-toi chanceuse, tu as tes deux bras et tes deux jambes !* » Tout à fait vrai. Et j'avais le principal : ma tête.

* * *

En février 2010, six mois après la plus récente chirurgie, j'avais repris du « poil de la bête ». Il y avait un concours genre « Star Académie » pour les nouveaux talents de la région. On m'a demandé si je voudrais être membre du jury et je me suis empressée d'accepter. Sortir un peu et écouter de la bonne musique allaient me faire du bien.

Or, quand j'ai appris que parmi les commanditaires de l'événement, il y avait mon hôpital, ma pharmacie, mes médecins, j'ai voulu leur faire un cadeau. Je me sentais suffisamment en forme pour interpréter une chanson. Dans l'après-midi, j'ai répété en secret la chanson de Ray Charles *Georgia on my mind,* car je n'étais évidemment pas dans le programme et que ma prestation devait être une surprise.

Au cours de la soirée, lorsque je suis montée sur scène, j'ai entendu un murmure d'étonnement venant de l'assistance. J'avais pris la peine de bien ceinturer mon abdomen et je me suis assise pour chanter. Ma voix coulait comme un ruisseau. Aucune difficulté à projeter les notes puissantes.

Ce fut un moment sublime. Surtout l'après-performance ! Les commentaires et les compliments fusaient de partout. J'ai été très touchée par les « mercis » de ceux qui avaient tant travaillé à me soigner, à sauver ma vie. Je parle du personnel des salles d'opération, de mes médecins accompagnés de leur famille, des infirmières, etc. *« Jano, tu nous rends fiers de notre travail ! C'est avec des patients comme toi que nous réalisons à quel point notre travail est important. Nous avons tout fait pour te garder en vie et te permettre d'avoir un avenir. Regarde-toi ! Debout ! Et tu as chanté pour nous ! Tu rends hommage à notre profession... »*

Ce fut ma dernière prestation sur scène...

* * *

Mars.

J'allais faire de grandes marches tous les jours. Le temps s'adoucissait et il y avait des signes de printemps dehors comme dans mon cœur. J'apprenais à goûter à ma nouvelle liberté. Plus de cadran pour me réveiller et aller travailler ! Peindre ou écrire à toute heure du jour, n'avoir de comptes à rendre à personne à part mes médecins, faire la sieste quand j'en avais besoin.

Je cessais de tourner en rond. Ma nouvelle route allait en ligne droite.

La propriétaire de mon nouvel appartement m'a remis les clés presque un mois à l'avance ! Génial ! Je pouvais lentement débuter à m'installer. Mon frère est venu porter mes meubles et passer quelques jours en notre compagnie. Le printemps s'annonçait prometteur.

Je n'arrivais juste pas à comprendre les cauchemars que je continuais à faire. Pourtant, mes journées étaient calmes et créatives. Rien n'aurait dû venir troubler mes nuits. Mais le subconscient a sa façon bien à lui de régler les choses et il semblait très préoccupé par un problème dont j'ignorais l'issue. Tenter de comprendre pourquoi on me brisait en deux dans mes rêves…

Puis, une première alerte…

La fièvre, la douleur, la fatigue, une perte d'énergie inhabituelle. Je connaissais ces symptômes. Ça voulait dire que je devais faire une balade à l'urgence avec, probablement, une infection comme diagnostic.

Je ne m'étais pas trompée. Je me suis retrouvée hospitalisée, traitée aux antibiotiques par intraveineuse, comme à l'habitude. Je commençais à considérer ces hospitalisations pour infection comme faisant partie de la routine de ma nouvelle vie. Tout comme tomber sur une mauvaise voisine de chambre ! Cette fois, ce fut le gros lot.

La dame était tellement énervée de ma présence qu'elle le criait haut et fort ! « *C'est Jano Bergeron ! Mon Dieu !!! Venez voir ! C'est Jano Bergeron !* » À plusieurs reprises, les infirmières lui firent signe de se calmer. Moi-même, je tentais le plus gentiment possible de lui expliquer que j'étais malade et que j'avais besoin de repos tout autant qu'elle. Hélas, ça ne faisait qu'empirer. Elle appelait tout son monde et les invitait.

Ce qui me choquait le plus était le fait que je souffrais autant qu'elle et qu'elle ne semblait pas le réaliser. Et les enfants… Ce n'était pas la première fois que j'assistais à ce genre de scène, mais dans un hôpital, ça dérange. Je ne parle pas de la présence d'enfants dans la chambre, je parle de la façon dont ma voisine leur parlait :

— Ben voyons ! C'est une madame qui a fait de la télé avant… Elle avait des longs cheveux bruns !

— Je ne la connais pas, répondit l'enfant, rouge de malaise en me regardant. Je ne la connais pas. Bon !

— Demande à ta mère, tu vas voir !

La mère se tortillait sur son siège, ne sachant quelle attitude adopter.

— Maman, c'est vrai qu'elle fait de la télé ?

— Chhhhut ! Il ne faut pas la déranger, elle dort maintenant.

— Oui mais… Je te dis que c'est elle !

Je capotais.

Je voulais me cacher en dessous de mon lit. Pas moyen de se sauver à la douce quand on est « ploguée » à des poteaux dans un hôpital ! Un soir, elle était en pleine conversation téléphonique avec son frère de Sept-Îles. Même histoire ! Elle gesticulait, les yeux ronds comme des pastilles en criant mon nom.

Je capotais.

— Madame, vous parlez à votre frère qui veut de VOS nouvelles. Pourquoi parlez-vous de moi ? J'ai besoin de repos. Ça me met mal à l'aise…

Rien n'y faisait.

Je capotais.

Tellement que j'ai piqué une crise de panique. Ma tension artérielle a grimpé en flèche et je me suis mise à hyperventiler. Je suis sortie de mon lit, j'ai attrapé les poteaux et j'ai pris le bord du corridor pour me rendre au poste des infirmières. Pas question de sonner pour qu'on vienne dans la chambre ! Je devais leur parler sérieusement. Je ne supportais absolument plus cette intrusion dans mon intimité, sans compter l'irrespect d'un tel comportement.

Pendant qu'on prenait soin de moi, l'infirmière-chef est partie en furie après m'avoir demandé pourquoi je n'avais pas parlé plus tôt ! C'était inacceptable !

On s'est immédiatement organisé pour me changer de chambre. La voisine, elle, disait à l'infirmière que je ne l'avais pas avertie, qu'elle ne pensait pas vraiment que ça me dérangeait, etc. Bref, il n'y avait rien à faire d'autre que de changer de décor.

Il y avait une dame de quatre-vingts ans sur l'étage, que je connaissais bien. (Le monde est petit au Lac-Saint-Jean). C'était une grande amie de ma mère. J'ai demandé s'il y avait moyen qu'on me transfère avec elle. Comme par hasard, sa voisine venait de quitter l'hôpital et je pouvais aller dormir le soir même dans mon nouveau lit, en compagnie d'une femme extraordinaire — aujourd'hui décédée —, qui m'a fait rigoler tellement que je n'ai pas vu passer le reste de la semaine.

* * *

À mon retour de l'hôpital, on s'est occupé de mon déménagement. J'étais contente de pouvoir enfin m'organiser un chez-nous qui ne serait pas temporaire. Je le souhaitais de tout cœur, car j'étais véritablement épuisée. On aurait dit que je n'arrivais pas à reprendre le dessus. J'avais tellement besoin de dormir !

Je me sentais de plus en plus faible. Quelque chose ne tournait pas rond. Ou l'infection n'était pas enrayée ou bien... Il y avait une bosse très dure au niveau de mon nombril. La douleur s'installait de nouveau. Une nouvelle douleur que je ne connaissais pas me tenaillait.

Une autre visite à l'urgence. Or, après le tri, en allant m'inscrire au secrétariat, j'ai vu quelque chose qui brillait par terre. Je l'ai ramassé. C'était une petite médaille de la

Vierge. En la touchant, j'ai eu la prémonition que ce qui m'attendait était grave. Très grave. Quand on imagine...

Le pire.

Le pire allait arriver.

TROISIÈME URGENCE

22

Avril 2010

La mort rôde dans la pièce. Elle tente de me prendre. Je la sens. Elle veut se faire violente. Mais je lui résiste.

Depuis deux jours, elle s'installe dans le désastre qu'est l'intérieur de mon abdomen. Rien de ce que j'ai déjà vécu ne se compare à ça... C'est comme un poignard qu'on tourne dans mes entrailles.

Il y a un abcès gros comme un œuf dans mon ventre, mais nous ignorons l'étendue des dégâts. Le temps presse, on me soulage à la morphine par injection. Pourtant, c'est à peine si ça calme les assauts déchirants...

Je suis à moitié consciente...

Je me laisse souvent glisser quand la souffrance est trop insupportable. Et je sais que mon état va se détériorer très rapidement tant qu'on ne pourra pas opérer.

Et je vais mourir...

— Maman, est-ce que je vais mourir?

— Chuuuut. Non, tu ne vas pas mourir. Fais-moi confiance.

Je sombre...

* * *

Deux jours plus tôt, branle-bas de combat à l'urgence quand on a constaté mon état qui empirait à une vitesse foudroyante. La bosse poussait à vue d'œil juste sous mon nombril. Pas un serpent. Non. Autre chose. Une petite boule dure comme un caillou me sortait du ventre.

Après toute la batterie de tests, on a confirmé la présence d'un abcès gros comme un œuf. Le reste de la cavité abdominale était un fouillis incompréhensible où semblaient se mêler boyaux, adhérences et déchirures.

J'étais dans un sale état...

J'ai tout de suite été transférée à l'étage de chirurgie et de nouveau « pluggée » à mon attirail habituel. Mais il fallait faire vite avant l'empoisonnement, car il était clair que mes entrailles se débarrassaient de leur contenu dans ma cavité abdominale.

Combien de temps me restait-il ? Vingt-quatre heures ? Quarante-huit heures ? Pas beaucoup plus si on n'agissait pas rapidement. Or, il n'y avait pas moyen d'intervenir avant qu'un électrocardiogramme se montre suffisamment rassurant pour qu'on tente la chirurgie avec des chances de réussite.

— Madame Bergeron, vous avez eu un malaise cardiaque, m'informa mon chirurgien Samurai. Il faut absolument refaire un électrocardiogramme en espérant que tout soit revenu à la normale avant d'opérer, car si votre cœur ne tient pas, on n'a aucune chance...

Quand un train nous rentre dedans, ça doit ressembler à ce qui m'arrivait lorsque j'ai entendu le verdict. Il continua :

— D'ici là, nous allons vous soulager, mais il est clair que votre état va continuer à se détériorer, et ce, très rapidement. Nous faisons tout en notre pouvoir pour vous soigner. Et si nous voyons que nous arrivons à un point critique avant de recevoir un test cardiaque positif, nous devrons opérer, mais je crains sincèrement pour votre vie...

Bang !

Mais que s'est-il passé ? J'avais trop forcé ? Je n'aurais pas dû chanter ? Étais-je responsable de ce gâchis ?

— Non, vous ne l'êtes pas. Vous seriez restée au lit sans bouger et la même chose aurait pu arriver. Il ne faut pas vous sentir coupable de ce qui vous arrive. Vous devez garder vos forces et ne pas vous décourager. Dès que nous le pouvons, nous opérons...

En pleine semaine de Pâques, à trois jours de l'anniversaire de mon fils, pendant mon déménagement qu'on allait encore faire sans moi...

J'agonisais...

* * *

Je ne peux plus bouger. La douleur est trop insupportable. Mon esprit ne peut se concentrer que sur elle. Tenter de la dompter...

Tic-tac, tic-tac... Le temps s'écoule, goutte à goutte. Je le mesure aux changements des poches de soluté et aux injections de calmant. Ma chambre est tranquille, mes parents parlent à voix basse pour ne pas me déranger. La voisine est gentille...

La petite religieuse est revenue...

— Pauvre petite ! Aussi malade pour Pâques. On pourra dire que vous avez porté votre croix... Mais ne perdez pas espoir. Une résurrection vous attend peut-être...

Oui, j'ai porté ma croix... Mais en cet instant même, je la porte et elle est lourde. On est quel jour ? Ah oui... Ce sera Pâques dans quelques jours. Le chemin de croix… La douleur de Jésus… et la mienne. Je marche à Ses côtés… Je vois Sa souffrance. Il va mourir.

Mais moi, j'ai encore de l'espoir…

* * *

Ce que j'ai vécu pendant ces graves moments, je ne peux pas le qualifier « d'expérience spirituelle », car je souffrais trop pour seulement songer à prier. Lorsque l'esprit dérive et ne peut plus aller ailleurs que dans la douleur, on ne choisit plus les images et sensations qui nous emportent.

Par contre, j'ai plongé dedans avec le sentiment du sacré.

Le fait d'entendre parler de Pâques et de la Passion du Christ a dirigé mes pensées jusqu'au chemin de croix, et j'ai marché à côté de Jésus en jasant avec lui comme avec un vieux pote. À vrai dire, on ne jasait pas très fort. La douleur nous faisait taire et je trouvais sa situation pire que la mienne. Je n'enviais pas ce qui l'attendait.

Il fallait que je reste forte. J'avais encore des chances…

* * *

Le vendredi matin, trente-six heures après mon entrée en urgence, les médecins sont venus m'annoncer que le dernier électrocardiogramme était normal. On pouvait enfin opérer! Ma mère m'a répété que je n'allais pas mourir. Mon père m'a embrassée, les yeux mouillés.

— Au revoir! Nous serons là…

Les choses sont alors allées vite. Le petit voyage pour la salle d'opération s'est fait précipitamment. On m'avait donné un sédatif et j'ai commencé à ramollir. J'avais envie de blaguer.

Vendredi saint...

Lorsqu'on m'a étendue sur la table et qu'on a placé mes bras en croix pour me préparer, je n'ai pu m'empêcher d'en pousser une « bonne » à mon chirurgien.

— Docteur ! Ceci est mon corps livré pour vous !

Le fou rire général fut la dernière chose que j'ai entendue.

23

Où suis-je?

Je ne me souviens pas de la salle de réveil. Je ne me souviens de rien.

Je ne fais que vomir. Une nausée n'attend pas l'autre. C'est affreux, douloureux, dégoûtant, épuisant... Je me recroqueville en petite boule pour tenter de calmer les spasmes qui suivent les nausées. Mon ventre veut se fendre.

Le « levin » me racle le fond de l'estomac. Cette chose est censée soulager les nausées, pas les causer! On dirait que je veux rejeter le tube. Le cracher hors de mon corps. Parfois, je m'assoupis un peu, le temps que le « Gravol » agisse et que je connaisse un répit.

On vérifie mon pansement.

J'ai donc été opérée...

Quand? Ah oui... Après le chemin de croix. J'ai tant eu besoin de m'accrocher à plus grand que moi, pour ne pas perdre la raison. Je m'en souviens. Et à chaque nausée, j'ai besoin de m'y accrocher encore davantage. Il faut continuer de porter l'espoir à bout de bras au lieu d'une croix.

Les médecins sont venus, mais je n'ai aucun souvenir de ce qu'ils ont raconté. À part une chose: ça ne « reconnecte » pas. Moi, j'ignore la raison, mais je vomis. Ma bile, ma salive, tout ce qu'il peut y avoir de fluides dans mon corps. C'est un martyre...

Mes parents sont là. Ma mère caresse mes cheveux, lave mon front, nettoie mes souillures. Elle me parle avec bienveillance.

— Tu ne vas pas mourir. Fais-moi confiance. Tu as traversé la chirurgie. Tu vas traverser ça aussi. Et il faut que tu ailles bien pour dimanche.

— Pour dimanche ? Qu'est-ce qu'il y a dimanche ?

— Pâques ! Et tu auras de la belle visite !

— Maman, dis-moi que c'est mon fils...

— Il vient célébrer son anniversaire avec toi.

— Mon fils...

— Tente de te reposer. Le docteur va venir plus tard t'expliquer ce qu'il a dû faire pour te sauver la vie.

— On est dans ma chambre ?

— Oui. Essaie de dormir un peu. Tu fais trop d'efforts.

* * *

La nouvelle de la visite de mon fils ne pouvait pas mieux tomber. Je l'ai reçue comme une onde électrisante. Il fallait me secouer, cesser de vomir et être suffisamment bien pour profiter de sa présence.

Dans la nuit du samedi au dimanche, j'ai cru par moments que les choses empiraient. Je m'endormais la tête dans le bol entre les crises. Puis, à 7 h 15 exactement, j'ai vomi pour la dernière fois. Ça s'est passé si soudainement que je n'ai pas osé y croire ! Depuis le vendredi que je vivais ce calvaire. Et là, la minute d'avant, je me tordais de douleur en me vidant les boyaux ou ce qu'il en restait, et tout à coup, plus rien ! Plus de nausées. Plus de spasmes. Je respirais enfin normalement.

Il était 8 h 30 quand mes parents sont entrés dans ma chambre et m'ont trouvée... assise, lavée, débarrassée de mes tubes, en train de savourer un blanc-manger. L'infirmière et la préposée papillonnaient autour de moi en riant, changeant mon lit, ma jaquette et prenant mes signes vitaux.

Tout était revenu à la normale.

* * *

J'ai entendu un rire puissant avec des accents chanteurs, dans le corridor. Et un autre plus cristallin lui répondant. Cette petite cascade rieuse et espiègle, je l'ai reconnue immédiatement. Mais! C'était mon fils et... ma nièce!!! Ma cachottière de maman ne m'avait pas dit ça!

— C'est parce que je ne le savais pas! m'avoua-t-elle, heureuse et tout aussi surprise que moi.

— Wow! Mom! (Il m'appelle toujours ainsi.) T'es déjà sur le party!

— Ah! Ah! Ah! Mon grand, tu me connais, je ne suis pas tuable. C'est toi qui me l'as dit!

— J'ai pris l'initiative d'inviter ma « sœur » d'adoption. J'ai pensé que ça serait une bonne idée, tes « deux enfants »!

— Tu me fais tellement plaisir! Tellement!

Ma nièce, une toute petite femme de moins de cinq pieds, un petit nez retroussé avec une voix énergique, et mon fils, un géant à la crinière de lion, avec une voix grave aux accents séduisants. Ils me faisaient rire. Je devais faire attention à ma plaie. Toutefois, ce genre de spasme était tellement plus agréable!

La petite religieuse est passée faire son tour. En me voyant ainsi, heureuse, avec mes parents, mes enfants, et des amis venus me visiter, elle s'est exclamée :

— Madame Bergeron! Une résurrection vous attendait vraiment en ce jour de Pâques! Et vous n'êtes pas seule aujourd'hui! Soyez heureuse. Dieu vous aime...

Ensuite, ce fut le tour du chirurgien de venir faire sa visite. Il me taquina un peu avant de me parler de mon ventre.

— Madame Bergeron, vous avez toujours eu un sens du « timing » extraordinaire! Vous arrêtez de vomir juste avant que votre belle visite arrive. Vous devriez en avoir plus souvent!

— Ils sont venus de Montréal, docteur. Mes cocos de Pâques. Je vous présente mon fils. Et ma nièce.

— Quel grand gaillard! Vous ne l'avez pas raté! Bonjour, mademoiselle! Enfin, on rencontre ceux qu'elle aime!

— Vous savez comment c'est avec moi. Je dois toujours faire les choses en grand.

Puis il s'adressa à mon fils :

— Jeune homme, votre mère est une véritable battante. Vous pouvez être fier d'elle, car elle me surprend toujours.

— Ma mère est une guerrière!

— Elle a mené un gros combat, croyez-moi!

Il prit le temps de s'asseoir sur le bord du lit pour m'expliquer ce qui s'était passé en chirurgie.

— La paroi que nous avions installée lors de la chirurgie précédente pour soutenir vos tissus abdominaux abîmés est comme une grille qui fait une barrière entre l'intestin et la peau. Vous avez fait le « rejet » de cette grille. Elle s'est déchirée, s'est emmêlée à votre intestin, créant des dom-

206

mages très graves. Et pour couronner le tout, l'abcès était au beau milieu de tout ce fouillis, les adhérences ficelant le tout. J'ai été obligé d'attraper le « motton » que formait ce beau désastre et de le trancher d'un seul coup. De toute manière, l'intestin avait des trous. Ensuite, il a fallu sortir ce qui restait de boyaux de votre corps pour souder ensemble les parties encore viables. Il vous reste donc deux pieds « raboutés ». Mais vous n'avez pas de sac! Vous pourrez aller aux toilettes normalement.

Trancher le « motton » d'un coup… Il méritait vraiment d'être appelé mon chirurgien Samurai!

Il continua :

— Madame Bergeron, vous avez vraiment failli y laisser votre peau. Jamais dans ma carrière je n'ai eu à faire une opération de ce genre. Et je ne voudrais plus jamais avoir à le revivre, croyez-moi, vous ne pouvez même pas imaginer ce qui a pu se passer dans cette salle d'opération. Nous n'avons pas pu réparer les tissus abîmés. Il n'y a plus de paroi, tous les morceaux ont été enlevés, mais votre ventre n'est plus réparable. Les tissus sont trop endommagés. Il faudra désormais être extrêmement prudente, ceinturer votre ventre en tout temps, et, s'il vous plaît, tout faire pour éviter de vous retrouver sur une table d'opération. Je ne veux plus vous toucher avant au moins cinq ans!

C'était du sérieux. Jamais je n'aurais pensé que les choses puissent avoir été aussi graves.

Et j'avais encore passé à travers.

Bon. J'étais branchée. Le but des cinq prochaines années serait d'éviter une chirurgie. Organiser mon petit quotidien en conséquence. Il n'y avait plus aucun risque à prendre désormais.

J'ai compris que je ne pourrais plus chanter. Le moindre effort demandé à l'abdomen pourrait me mettre en danger. Il me faudrait toujours y songer et ne plus jamais prendre de risques…

Une épée de Damoclès au-dessus de ma tête.

Cependant, c'était Pâques et aussi l'anniversaire de mon fils ! J'aurais tout le temps d'y songer bien assez vite.

Pour l'instant, je n'avais qu'une envie…

Toucher au bonheur.

* * *

Il y a eu des rires et de la joie dans ma chambre pendant quelques jours. Même pour le personnel, c'était une fête. Pour une fois que j'étais celle qui avait de l'action dans sa chambre !

Dans le département, on ne m'appelait plus la « miraculée ». On avait changé pour la « ressuscitée ».

Lorsque mon grand garçon et ma nièce s'en retournèrent chez eux, j'ai évidemment ressenti un vide. Je venais de toucher au bonheur et il fallait le conserver précieusement dans mon cœur pour m'en souvenir quand les temps seraient durs…

Cependant, je n'ai pas eu vraiment le temps de m'y attarder. Ma convalescence allait se passer dans mon nouvel appartement, et non chez mes parents. C'était une première. Or, je n'avais pas trop d'inquiétudes, car avant de quitter l'hôpital pour rentrer chez moi, l'infirmière de liaison du CLSC avait organisé toute l'aide nécessaire. Comme mon appartement était à quelques minutes à pied de l'hôpital, il serait facile de m'y rendre par mes propres moyens pour changer les pansements. Ma fidèle cousine et son conjoint vivaient à deux minutes. Je savais que je pouvais compter sur leur aide.

Je m'organiserais pour ne pas trop en demander à mes parents. Ils étaient fatigués et c'était normal. Je leur faisais vivre depuis trop longtemps tellement de pression et d'angoisse. À leur âge, ils avaient leur propre santé et leurs propres bobos à gérer.

J'espérais les alléger un peu.

C'est avec un « petit velours » sur le cœur que je suis entrée dans mon nouvel appartement. Je n'avais encore rien vu depuis le déménagement. On avait tout placé pendant mon hospitalisation ! Même les rideaux !

J'étais chez moi.

J'étais passée à travers.

Encore chambranlante.

Mais vivante.

24

L'année qui suivit ne fut pas de tout repos. J'étais au bout du rouleau. Mon corps prenait son temps et malgré l'organisation et le bon fonctionnement de l'aide que je recevais du CLSC et des gens qui m'entouraient, moralement, j'avais le sentiment de dégringoler. Je ne sortais que pour me rendre à l'hôpital ou à mes rendez-vous dans les bureaux de médecins. Chez moi, je voyais défiler au quotidien des étrangers qui s'occupaient de mon ménage, qui me soignaient, qui entraient dans mon intimité, mais qui ne comblaient pas nécessairement l'aspect affectif dont j'avais besoin pour ne pas ressentir de solitude.

La proximité de mes parents me manquait, je l'avoue. Surtout que je les savais toujours inquiets pour moi. Il y avait encore les « alertes infections » à tout bout de champ. Une intervention par voies naturelles a dû être pratiquée pour extirper un polype qui développait des cellules anormales. Ils devaient continuer à m'aider de toutes sortes de manières et au final personne n'était vraiment allégé.

C'est devenu lourd sur la conscience. Chaque journée me semblait plus longue que la précédente et mes nuits n'en finissaient plus d'être blanches. Mon esprit se troublait sérieusement. Je me sentais à la merci des événements, sans pouvoir y apporter quoi que ce soit qui puisse changer le cours des choses.

Le retour des courts-circuits.

Ils n'étaient jamais vraiment disparus, or je croyais avoir appris à m'y habituer. Erreur.

Tant que je me débattais comme un diable dans l'eau bénite, je pouvais parvenir à les ignorer. Pas à les faire disparaître. De toute façon, jamais ils n'avaient été aussi perturbants.

Puis, les rêves…

Ceux dans lesquels on me brisait en deux… Le jour, je n'arrivais pas à penser à autre chose qu'à ne pas perdre la tête. La nuit, il m'arrivait de plus en plus souvent de ressentir de violentes contractions dans mon anus, tellement que je me réveillais en nage, le souffle coupé, jusqu'à ce que la crampe me quitte.

Des souvenirs enfouis refaisaient surface…

Oh merde… pas ces souvenirs-là ! Non !

Pas CE souvenir-là…

* * *

J'ai connu la douleur dans mon adolescence. J'en ai un peu parlé ici et là dans ce récit, mentionnant surtout la chirurgie que j'ai eue à l'âge de quinze ans. Or, cette chirurgie n'était que le pointe de l'iceberg.

Elle a eu lieu pour réparer ce qu'on avait brisé en moi…

Le tout a commencé vers onze ans. Mes bras faisaient mal. Peut-être ma croissance se faisait-elle péniblement ? Mais j'avais de plus en plus de difficultés à faire mes travaux scolaires et mon dos commençait à se voûter.

Un médecin m'injectait de la cortisone dans les épaules en guise de traitement. Pour tout résultat, j'ai eu les deux bras quasiment paralysés pendant une quinzaine de jours. Ensuite, un soulagement qui s'avérait être de moins en moins long au fur et à mesure que les piqûres, elles, augmentaient.

Les choses ne s'arrangèrent guère, car la cortisone ne faisait qu'endormir la douleur au lieu de guérir le problème.

Mes parents ne savaient plus que faire pour tenter de me soulager. Mon jeune frère avait lui aussi des problèmes avec sa colonne vertébrale. Ça leur faisait deux adolescents malades dont ils devaient s'occuper et Chibougamau était au bout du monde pour nous.

À treize ans, mes souffrances étaient pires que jamais. Des nerfs semblaient se coincer partout et je « poussais croche ». Je n'arrivais plus à rester assise sur les bancs d'école plus de vingt minutes sans souffrir suffisamment pour devoir me lever afin de diminuer un peu la pression. Écrire devenait une torture.

Un spécialiste de Chicoutimi a moulé sur mon torse un corset de fibre de verre qui se fermait avec des « Velcro ». Je me rappelle la « salle des tortures », là où j'ai été étirée avec des sortes de poulies jusqu'à ce que ma position soit droite. Il a moulé le plâtre de mon cou jusqu'à mon pubis tandis que je restais là, écartelée, pendant des heures avant que toute la procédure soit terminée.

J'ai porté ce corset pendant une année. Impossible d'expliquer ce que j'ai ressenti, étouffée dans ce carcan pendant ce temps important de mon adolescence. Mes seins poussaient en dessous et me faisaient mal. Les activités des filles de mon âge m'étaient interdites. J'étais enfermée dans une prison que je n'avais le droit de quitter que pour me laver. Je me sentais laide…

En fin de compte, ma posture s'est redressée, mais le mal a changé de place. Le bas du corps a écopé. L'école est véritablement devenue problématique, car je souffrais trop et ne pouvais plus m'asseoir.

Je me rebellais…

Puis, il y a eu… le charlatan.

Celui que j'ai tenté toute ma vie d'oublier. Celui dont j'ai enfoui le souvenir le plus loin possible pour tâcher d'effacer de ma mémoire l'acte barbare qui m'a brisée… en deux.

* * *

Mes parents ne savaient plus que faire pour soulager mon mal. Ils avaient tout essayé ce qui était en leur pouvoir et rien n'y faisait. On leur avait parlé d'un homme, un « ramancheur » qui, supposément, soignait de graves cas dont la médecine ne venait pas à bout.

Ils ont donc décidé de m'emmener à lui.

L'homme aux grosses lunettes noires m'a fait mettre sur le ventre dans un lit. Il m'a attachée les bras aux barreaux pour que je ne puisse pas bouger.

Qu'allait-il me faire? Je tremblais, muette de peur, tandis qu'il me disait de me détendre. Où étaient mes parents? Je ne pouvais pas les voir. J'avais la face écrasée dans les coussins. Il m'a demandé de soulever mon bassin et me mettre sur les genoux.

Puis il a baissé mon pantalon…

La suite est une abomination à tous les niveaux pour mon âme de jeune fille de quatorze ans.

Le charlatan a entré sa main dans mon anus et l'a poussé en me soulevant le derrière pour aller encore plus profondément. J'ai hurlé jusqu'à m'étouffer.

Mais que me faisait-il ? Où étaient mes parents ? J'étais terrifiée, terrorisée ! Cet homme était un fou et j'étais à sa merci.

Au moment où je pensais avoir connu le pire, il attrapa l'os de mon coccyx et... il le brisa. Crrrrrrrrac ! À froid. J'ai ressenti l'onde de choc me grimper jusqu'au cerveau et j'ai perdu conscience.

Je ne me souviens pas d'être sortie de la maison du bourreau. Le retour en voiture est flou, entrecoupé de vagues de douleurs atroces provenant de l'os brisé dans mon corps...

Cet homme m'avait brisée...

Cet homme avait brisé ma vie de jeune fille avant même qu'elle ne débute.

Cet homme m'a violée, sous prétexte de me soigner.

Par sa faute, j'étais à tout jamais marquée au fer rouge...

Et son souvenir allait me poursuivre jour et nuit pendant tout le reste de mon existence.

* * *

Je ne pouvais même pas imaginer les dégâts qu'un tel acte peut laisser comme traces. Mais ma vie personnelle a pris un tournant que je ne contrôlais pas.

J'ai été opérée un an après « l'accident », à l'hôpital de Roberval, par celui-là même qui continuait toujours à me soigner. Le chirurgien a enlevé l'os brisé et décoincé les terminaisons nerveuses.

On m'avait réparée...

Mais au fond de moi, je resterais toujours brisée...

Dans toutes mes relations personnelles, j'ai perdu mes moyens comme si j'étais incapable de réagir quand les choses tournaient au vinaigre. Je me suis comportée en victime dans mes relations affectives et j'ai attiré des hommes qui m'ont « brisée ». J'ai vécu un désordre intérieur et on m'a souvent reproché mon manque de « colonne vertébrale » devant mes épreuves personnelles.

J'ai fait des rêves horribles où j'étais à la merci de bourreaux.

Cet acte a brisée l'adolescente que j'ai été.

Cet acte a brisé la femme que j'allais devenir...

* * *

Je n'en avais jamais parlé à personne. Même avec mes parents, c'est un sujet qui n'est pas revenu sur le tapis. Je crois que nous avons tous tenté d'enfouir et d'oublier le souvenir de ce moment trop terrible pour être réel. Mais c'était impossible. La chirurgie de réparation prouvait sans aucun doute que « l'accident » était bel et bien arrivé.

Un mois après, mon jeune frère subissait une greffe lombaire. Deux jeunes en convalescences en même temps. Il fallait songer à autre chose qu'à ma « brisure ».

La vie passe et on se perd dans son tourbillon. Des comportements s'installent et on ne les questionne pas vraiment avant qu'ils ne deviennent problématiques. On n'associe pas les mauvais rêves qui nous hantent à ces souvenirs enfouis. On ne comprend pas ce qui nous rend malheureux, ce qui nous fait fuir, ce qui nous traumatise...

Je venais de le comprendre.

Et ça frappait fort.

Impossible de passer à côté, à présent. La souffrance était trop vive. Le tourment était trop intense. J'ai eu envie de baisser les bras...

Je n'en pouvais plus. Je ne supportais plus de me débattre. Je craquais.

J'ai commencé à avoir des idées noires...

25

Le charlatan n'a pas été dénoncé parce que je n'ai jamais réellement révélé ce qui s'est passé dans cette chambre en ce jour fatidique. Et mes parents n'ont pas été témoins de tout. Aujourd'hui, il est décédé.

J'aurais tant souhaité qu'il soit également mort dans ma mémoire...

À présent que j'avais identifié sa trace impure dans mes souvenirs, tout m'est revenu. Jusqu'à l'odeur d'onguent camphré qui flottait dans la pièce. Aux douleurs infligées pendant la « procédure » quand il fouillait pour atteindre son but. Son autre main appuyée sur mon bassin...

Il m'avait ravagée, alors que j'étais à peine sortie de l'enfance. Il me ravageait encore en me tourmentant dans mon sommeil, dans les traces laissées sur mon corps et mon âme.

Je n'avais plus la force de lutter pour reprendre l'équilibre. J'étais essoufflée. Je perdais ma volonté et ma détermination. Rien ne venait troubler la routine solitaire dans laquelle je m'installais. Je m'y enlisais, comme dans un trou vaseux. Vivre avec la crainte de se retrouver à l'hôpital à tout moment m'écrasait. Je perdais courage et souvent je n'avais pas envie de le reprendre.

La solitude me torturait. Je ne voyais défiler qu'une série d'étrangers dans mon univers déjà restreint. Des étrangers s'occupant de mes besoins intimes. L'ennui et la mélancolie m'habitaient davantage chaque jour.

J'ai ressenti une grande lassitude. Le désir d'abdiquer. Pas de fuir. Non. J'étais désormais trop fragile pour songer à fuir. Mais le goût de me battre pour vivre me lâchait. Depuis cette dernière opération, pas une seule journée n'avait été simple à vivre. Prendre soin de moi était une grande responsabilité et mon énergie était trop basse pour venir à bout de me remettre même avec l'aide des gens du CLSC.

Je me demandais pourquoi j'avais survécu. La petite religieuse avait dit : *Dieu vous aime...* Je me demandais sérieusement ce qu'il voulait encore de moi. Et je n'avais aucune réponse. Pas de révélations. Pas de message subliminal. Dieu ne répondait pas.

Vous savez, je n'ai jamais maudit Dieu pour mes malheurs ! Tout comme je n'ai jamais dit : Pourquoi moi ? Bon... C'est encore à moi que ça arrive ! (Snif... sanglots. Hoquets.) Non. Ça m'arrivait parce que c'était ainsi.

Mon quotidien était difficile à vivre et je n'arrivais pas à m'adapter.

J'ai encore dévié de ma route et j'ai pris le chemin de la déprime.

La déprime m'a entraînée dans les ruelles du désespoir.

Le désespoir m'a apporté les idées noires.

J'avais envie de mourir...

*   *   *

Jamais dans ma vie, je ne m'étais sentie aussi vide et inutile...

J'avais le cœur en miettes. Je pleurais du matin au soir en tournant en rond. Ma petite chienne devait sentir mon désespoir, car elle s'est mise à faire ses besoins par terre. Elle, qui, d'habitude, était si propre et faisait toujours dans sa litière. Si je n'allais pas bien, elle n'allait pas bien.

Oui, le cœur en miettes. Incapable de supporter ce qui m'attendait tous les jours, incapable de bien fonctionner. J'avais le cœur brisé et mes enfants me manquaient.

Ma maison était vide, je me sentais trop seule. Je dégringolais.

J'étais une femme brisée.

Je n'avais plus envie de me battre.

Je rêvais que je me plantais un couteau dans le cœur. Le rêve s'est transformé en pensée tenace me poursuivant à toute heure de la journée. J'allais de plus en plus mal, moralement. Je ne songeais qu'au couteau, du matin au soir, de la nuit au matin. Un couteau dans le cœur pour en finir…

Lorsque j'ai commencé à raser les comptoirs et toucher du bout des doigts aux tiroirs qui contenaient les armes convoitées par mon esprit troublé, j'ai compris que je devais faire quelque chose au plus vite avant que je ne devienne un danger pour moi-même.

Commettre l'acte serait tellement stupide après tout ce que j'avais traversé. Après avoir survécu à trois morts cliniques, j'allais maintenant m'enlever la vie? Quel gaspillage! Au fond, je ne voulais pas mourir. Je voulais juste en finir avec ces tourments et ces souffrances. À quoi sert l'existence pour une femme de cinquante ans, si tout ce qu'elle fait de sa vie est d'éviter le pire.

Éviter de mourir. Voilà ce à quoi je passais ma vie: éviter de mourir.

Et j'en avais assez. Trop lourd. Trop douloureux. Trop ardu. Trop compliqué. Je voulais lâcher prise, car ma vie n'avait aucun sens.

Si Dieu m'aimait, alors que voulait-il de moi ? Un signe aurait été le bienvenu, mais la réalité est que Dieu n'est pas responsable de mes bobos. Ma machine a flanché, et je tentais de continuer d'avancer avec des morceaux importants en moins.

Bon, je sais… J'ai mes bras et mes jambes et, comme on me le répète souvent : « Une chance que t'as pas le cancer ! » Euh… Y a pas que le cancer qui tue, vous savez ! Comme si ma maladie n'était pas grave comparée à un cancer. Mais j'ai eu du cancer dans mon corps ! On l'a enlevé et ce n'est pas ce qui a failli me tuer plus d'une fois.

Éduquer le monde était une autre affaire difficile à assumer. Oh ! Que c'est dur de se faire faire la morale par tant de gens qui prétendent avoir eu la même chose que moi et qui affirment s'en être tirés sans perdre le moral et être toujours capables de travailler ! J'étais une paresseuse ? Une « lamenteuse » ? J'en ai entendu des bonnes, du genre : « C'est une vedette. Elle est habituée à se faire servir. On voit bien qu'elle s'apitoie sur son sort… »

J'en avais plein le cul. C'est le cas de le dire. Et je souhaitais en finir…

* * *

Un matin, après une nuit blanche et tellement de pleurs que j'avais la face toute enflée, j'ai décidé d'agir avant de faire la pire connerie de ma vie. Je me suis habillée, j'ai attrapé un petit sac avec quelques vêtements et je suis allée à pied jusqu'à l'hôpital. Je leur ai demandé de me garder en psychiatrie.

À mon arrivée, on m'a enlevé tout ce qui pouvait représenter un danger. Clés, parfum, cordons, etc. Je me suis assise, secouée de sanglots profonds, confessant aux deux infirmières présentes mon obsession de mettre fin à mes jours avec un couteau. Elles sont restées là à m'écouter pendant j'ignore combien de temps.

Puis, on a soulagé mon anxiété avec un médicament et j'ai pu dormir quelques heures. Étrangement, je me sentais en sécurité.

J'y suis restée une semaine. Les deux premiers jours, je faisais la même chose que les autres : je pleurais. Bon, il y en avait qui hurlaient, s'arrachaient les cheveux, tandis que d'autres restaient prostrés dans la même position pendant des heures, sans sembler se rendre compte qu'il y avait du monde autour.

J'ai été surprise de rencontrer beaucoup de femmes de mon âge qui traversaient des épreuves qu'elles ne parvenaient plus à gérer. Elles n'étaient pas folles, juste déboussolées, comme moi.

On ne va pas tous en psychiatrie parce qu'on est complètement cinglé ! On y va pour tenter de se donner une chance. On souhaite survivre. Sinon, on ne serait pas là. Pour la personne perturbée ou en dépression, qui veut avancer et se libérer ou du moins apaiser ses tourments, il y a des ateliers, des rencontres privées et en groupe, afin d'aller se chercher des outils.

Comme dans tout ce que j'entreprends, j'ai vécu cette semaine à fond et me suis jetée dans l'expérience à 100 %. Je me suis aperçue que je n'avais pas perdu espoir. Malgré ma fatigue et les sentiments troubles qui me donnaient le goût de cesser d'avancer, plus loin derrière se cachait encore la guerrière spirituelle. Celle-là n'avait aucunement envie d'en finir. Au contraire ! Elle grimpait soudainement aux barricades pour réclamer son droit d'exister et de mordre à pleines dents dans la vie !

Ma détresse se changea en rage de vivre.

Il y avait une vieille dame qui chantait des bêtises à la journée longue en berçant sa poupée. « Ma maudite vache, va te faire enc... tu peux ben te la fo... tu veux ta grosse b... sale. Lalalalala ! Mange un char de... pour souper pis ch... le au déjeuner, lalalalala ! » Et elle chantait bien ! Un soir, j'étais assise avec les autres pour le repas. Je ne cessais de pleurer, incapable de glisser un mot. J'écoutais son concert religieusement en me disant qu'elle aurait pu faire compétition à Plamondon ! Quand j'ai exprimé ce commentaire à haute voix, la larme à l'œil, j'ai fait rire la gang au complet. Tout en continuant à pleurer.

Tout à coup, elle a tout arrêté et m'a regardée, dans un instant de lucidité.

— Toi, tu pleures parce que tu t'ennuies.

— Oui... c'est vrai. Je m'ennuie.

— T'as pas de mari ?

— Non, j'ai pas de mari.

— Ah ! Tu t'ennuies de tes enfants !

— Oui. Je m'ennuie de mes enfants...

— Hein ? Hein ? Dis-leur que c'est dur, toute seule ! Dis-leur qu'on vire fou toute seule !!! Ah pis mangez tous de la m... ma va vous rentrer un balai dans le c... lalalalalala...

* * *

Pendant toute ma carrière, j'ai chanté *Le parc Belmont* que Plamondon avait écrit pour Diane Dufresne. J'ai joué la folie mentale sur scène à tous mes spectacles. Mais pour la première fois, je la regardais en face. Incroyable le nombre de visages qu'elle peut prendre! Des gens qu'on aurait cru invincibles étaient là, encore plus démunis et désespérés que moi. Preuve que chacun fait ce qu'il peut avec les épreuves qu'il a. Des gens solides qui, du jour au lendemain, craquent et perdent tout sens de la réalité. Ça fait pitié. En les observant, en leur parlant, en écoutant leurs délires — certains d'entre eux sont restés gravés en moi, car un jour ils seront les personnages d'un roman —, j'ai appris à mesurer le poids de la détresse mentale humaine. Bien sûr que certains d'entre eux n'ont vraiment pas connu autre chose que ce qu'ils vivaient dans leur tête. Mais le désir de communiquer avec le reste de l'humanité semblait là, toujours, même s'il demeurait latent, sous des couches de désordres psychiques.

J'ai aimé mes fous. J'ai écouté pendant des heures les délires de la « bombe sexuelle » qui se prenait vraiment pour une croqueuse d'hommes. Elle prétendait avoir des amants partout dans l'hôpital. Elle s'inventait des romances torrides et moi, je trippais à l'écouter me dévoiler son monde imaginaire en détail.

J'ai fini par cesser de pleurer. Le monde était bien trop drôle pour passer son temps à pleurer! La bombe sexuelle riait toujours! Je me tordais avec elle en savourant ses histoires.

Oui, j'avais encore le goût de vivre! De rire! Chanter? Le goût, oui, mais l'interdiction était là. Alors il me fallait aimer autre chose. Chercher des réponses à tout ne servait à rien. Mes fous semblaient profiter de l'instant présent. Et si l'instant était ennuyant, ils en inventaient un autre…

Ceux qui avaient réellement perdu le goût de vivre se tenaient à l'écart et ne parlaient pas. Ils s'isolaient. Moi, je faisais le tour des chambres ! J'aimais aller délirer avec ceux qui en inventaient de belles pour me voir sourire.

* * *

Une semaine plus tard, le psychiatre m'a donné congé.

— Je n'ai aucune inquiétude à votre sujet, si vous rentrez chez vous. Vous n'êtes pas du genre à passer à l'acte. Et puis, vous ne voulez pas vraiment mourir, ça saute aux yeux. Vous ragez, présentement. Vous êtes enragée et non suicidaire. Vous voulez en finir avec votre fardeau ! Mais ça ne finira pas ! Apprenez à aimer la vie malgré vos problèmes. Vous pouvez y parvenir. Vous n'avez rien qui se compare à ceux qui passent leur temps ici, en psychiatrie. Vous êtes vivante, allumée, talentueuse et battante ! Où est-elle, ma guerrière spirituelle ?

— Pas bien loin, je crois. Un jour, il y a une dizaine d'années, j'ai fait un rêve. Un homme portant un grand manteau noir et un chapeau venait me rendre visite. Je ne pouvais pas voir son visage. Il portait une boîte qu'il a déposée devant moi. Je l'ai ouverte et j'étais folle de joie de constater qu'elle était pleine… d'armes de combat de toutes sortes. Sabres japonais, bâton de combat, étoiles Ninja, dagues gravées de symboles. Etc. J'étais si heureuse en fouillant dedans. Comme une enfant de huit ans qui développe un cadeau de Noël. L'homme m'observait en riant et il finit par me dire : « Ah ! Ah ! Fais attention ! Ce sont des vrais, pas des jouets ! » Je lui ai demandé pourquoi il m'offrait ces armes. Il a répondu : « Ce sont les outils dont tu auras besoin pour mener ta vie et accomplir ton destin… Ne les oublie jamais… Une guerrière spirituelle a besoin de ses armes. »

— Et ? Vous en tirez quoi ?

— C'est la première fois que j'ai entendu le terme de « guerrière spirituelle » pour me représenter.

— C'est tout ?

— Non… je suis outillée et j'ignore encore à quel point. Je crois que je vais partir à la recherche de cette boîte. Je vais probablement me trouver dedans…

— Alors, rentrez chez vous ! Des outils vous attendent pour continuer ! Il y avait des sabres et des couteaux dans cette boîte, me disiez-vous ?

— En effet…

— Croyez-moi, c'est parce qu'ils sont destinés à être plantés ailleurs que dans votre cœur !

26

Je suis rentrée de mon séjour en psychiatrie beaucoup moins angoissée, suffisamment pour ne plus raser les comptoirs. J'avais également recommencé à dormir. Pas de cauchemars. Je savais désormais que je n'étais pas suicidaire ! Malgré la détresse profonde qui m'a fait basculer vers le purgatoire — l'enfer aurait été de commettre le geste —, j'ai réagi. Je ne me prétends pas plus forte mentalement qu'un autre ! Mais l'idée du suicide m'a rarement effleuré l'esprit.

C'est vrai que par le passé j'ai toujours réagi avant que n'arrive le désastre mental. Mon bouton « survie » s'est toujours allumé au moment crucial. Et bien que j'aie eu comme tout le monde des périodes de gros « down », une dépression lors de la séparation avec le père de mon fils et deux « burn-out » officiels, je n'ai jamais eu d'idées suicidaires et encore moins fait de tentatives.

Or, malgré le stress généré par les déboires désorganisés de mon ancienne vie de femme, jamais je n'avais eu envie de mourir à ce point.

Pour que ça change, j'allais m'embarquer dans un travail à long terme, en choisissant de faire un tri des priorités de ma vie, ma nouvelle vie. Tous les jours, j'aurais à laisser le dernier mot à mon corps avant d'entreprendre quoi que ce soit. Chaque jour serait ce qu'il est : un autre jour pour passer à travers. Un autre jour pour juste vivre. Pour culti-ver de l'intérieur. Pour «écouter pousser les fleurs».

Et c'était ainsi.

« Vous voulez en finir avec votre fardeau! Mais ça ne finira pas! Apprenez à aimer la vie malgré vos problèmes ».

Ces paroles du psychiatre ont vraiment fait vibrer une corde sensible. Bon. Mon fardeau ne finira pas… Comment faire alors pour modifier mon attitude face à ce qui ne peut pas être changé? C'est la culpabilité qui me déprimait, qui m'épuisait. La solitude était une chose, mais la culpabilité…

Le travail devait se faire sur mon attitude.

C'était quoi déjà cette «prière de la Sérénité» dont la petite religieuse avait parlé? Ah! Je m'en souviens: *«Dieu, donne-moi la sérénité d'accepter les choses que je ne peux changer, le courage de changer les choses que je peux, et la sagesse d'en faire la différence.»*

Regardons les choses en face: même après tout ce temps, plus de dix ans, je n'avais jamais accepté mon état. Je l'avais toujours considéré comme un fardeau pour les autres, tout comme pour moi.

Mon corps était maître désormais. Il était trop faible et fragile pour fonctionner sans aucune aide externe. Ça, je ne pouvais pas le changer. Je devais l'écouter au lieu de lutter contre lui. S'il avait besoin d'aide, c'était ainsi. La morale à retenir pour mieux apprécier la vie sans trop me la compliquer était de «demander» dans l'amour. Faire de la demande un échange. Offrir en échange. Aimer mon corps tel qu'il est, incluant tous ses besoins, et répondre à ses demandes. Trouver le moyen, comme une mère le trouve pour son enfant.

D'ailleurs, mon philosophe de fils me répétait souvent: *«Mom, deviens ton propre parent.»*

230

Il avait raison. Il se débrouillait seul depuis l'âge de 16 ans. La solitude, il l'avait domptée. Il avait pris soin de lui-même et n'avait pas laissé le désespoir prendre le dessus. Il m'a avoué avoir déjà eu envie de se jeter en bas d'un pont... Mais, il ne l'a pas fait. Il a choisi d'agir en orphelin et de devenir son propre parent. Et il avait réussi...

« *Accepter les choses que je ne peux pas changer...* »

C'est sur la façon de « demander » que j'avais à travailler.

Avoir eu envie de mourir était une sonnette d'alarme. Décortiquer les sentiments qui m'avaient menée jusque-là était essentiel. Je pouvais changer quelque chose à ce niveau. Je pouvais regarder bien droit devant, faire face à ce qui pouvait me rendre malheureuse, et faire le nécessaire pour me débarrasser de ce qui ne « faisait pas mon affaire » !

La solitude ne « faisait pas mon affaire ». Prendre soin de mon corps, éviter de le mettre en danger était déjà un boulot quotidien exigeant. Je ne pouvais pas apprendre à « dealer » avec tout en même temps ! En équipe, tout va toujours mieux. Je répétais souvent aux gens : « *Vous êtes deux. Vous formez un couple, une équipe.* » Ou encore : « *Vous formez une famille. Tous s'entraident.* » C'était différent. « *Personne ne peut comprendre la solitude s'il ne l'a pas vécue.* »

Personne ne pouvait contester ça...

Bon, admettons-le, alors ! Je n'étais pas prête à vivre seule. En y pensant bien, c'était même flagrant ! C'était trop. Dans le futur, ce serait toujours le temps de l'envisager, mais dans l'immédiat, je n'avais pas la force d'affronter la solitude tous les jours, chaque matin, chaque instant. J'avais besoin de régler ça.

La solution n'était pas d'emménager avec le premier venu. Allô! J'avais compris ma leçon! Il n'était plus question de combler mon ennui avec n'importe qui ou n'importe quoi.

C'est ma façon de la vivre qui devait changer.

* * *

Mon fils est venu passer quelques jours avec moi pendant les vacances de la relâche. Sa présence dans la maison et nos conversations m'ont aidée à prendre conscience du besoin criant que j'avais de me recréer une famille « fonctionnelle » et un foyer sain afin d'être heureuse dans mon quotidien. Quand j'avais touché au bonheur, c'était à cause de ce que je vivais dans ma maison. J'étais malade en ce temps-là aussi, mais j'étais entourée. J'avais une vie affective saine. Mon foyer était rempli d'amour.

Il n'était désormais plus question de dépendance affective ni d'une quelconque peur obsessionnelle ou d'un comportement compulsif, quand viendrait le temps de faire mes futurs choix de vie. C'est dans cette direction que je devais diriger mes pas.

— T'as besoin de colocataires, mom, me conseilla mon fils. Pourquoi tu n'en parles pas à mes grands-parents? Offre-leur de louer un espace, je sais pas, le sous-sol, genre? Ça te ferait un beau logement, le sous-sol! C'est plate pour toi dans ce loyer. T'es proche de l'hôpital, mais trop loin de tout. Tu sors jamais. Même moi, en pleine santé, je m'emmerderais. T'es pas prête à vivre seule, mom. Tu connais grand-papa. Parle-lui d'égal à égal, fais-lui une offre concrète. Comme ça, tu ne seras pas dans « leur » maison, tu vas aussi être chez toi, dans tes affaires, et tu

232

prendras ton temps pour te remonter avant de penser à t'aligner toute seule quand grand-papa et grand-maman auront vieilli et qu'ils ne pourront plus t'aider. À ce moment-là, tu seras prête à devenir ton « propre parent ».

Sage conseil, mon grand…

Pas prête à vivre seule… On fait quoi pour changer ça ?

On pense à des solutions.

On songe à ce que mon fils a dit…

* * *

J'ai repris ma thérapie et je l'ai suivie assidûment. Quand on a eu des idées noires, elles ne s'en vont pas instantanément. Remonter la pente se fait une étape à la fois. Être entourée, c'est également ça. Les médecins qui nous soignent et qui sauvent notre vie, les thérapeutes qui nous soutiennent et nous aident à comprendre pour avancer. S'entourer, c'est se créer un réseau. Si on ne peut pas sortir pour rencontrer des gens, il faut socialiser de « l'intérieur ». Il faut les faire venir à nous. Leur ouvrir les portes. Surtout, leur exprimer tout haut nos besoins. Il n'y a personne, si proche soit-il, qui puisse tout deviner pour nous.

— C'est pas en te plantant devant la fenêtre à regarder dehors que tu vas changer les choses ! me semonça mon fils. Tu l'as dit : faut éduquer le monde. Ça commence comme ça. « *Ben là, j'ai peur de te déranger. T'es malade. On sait jamais si tu dors ou que tu files pas.* » Dis-leur que tu te retrouves toute seule si personne te dérange de temps en temps…

Ouais… leçon de vie de ma progéniture !

En colocation avec mes parents… J'aimais passer du temps avec mes parents. Quand il n'y avait pas « d'urgence », on s'entendait bien dans la maison. Même dans les urgences, nous n'avons jamais eu de problèmes à être ensemble. On s'entendait bien, et c'était ainsi. Je ne dis pas que je n'ai pas eu mes problèmes personnels à régler avec mes parents et le reste de la famille. Mais ça s'est fait sans trop de remous. Dans cette histoire, ce n'est pas le plus important. Nous étions une famille unie. C'était ça l'important.

J'adorais faire ma sieste d'après-midi sur la terrasse arrière de la maison. Le jardin, les fleurs, l'allée des rosiers, les mangeoires d'oiseaux qui attiraient de jolis spécimens que je croquais en photo. J'aimais cette terrasse. J'en avais toujours profité pendant mes convalescences ! Je m'y sentais bien… Et j'avais envie de dire que c'était « chez moi ».

Les paroles de mon fils avaient fait leur chemin.

J'ai fait la proposition à mes parents.

Comme l'avait dit mon fils, la maison comportait un sous-sol déjà aménagé avec suffisamment d'espace pour en faire un logis convenable. En plus de la chambre où je dormais déjà, il y avait une autre pièce qui ne servait à rien pour l'instant, une salle de bain avec douche, un espace salon spacieux, et le poêle à bois. Charmant. Parfait pour travailler à mon autonomie, mais à proximité de mes parents, mes amis, mes « colocataires ». Peut-être que la petite pièce vide pourrait me servir d'atelier ?

C'est ainsi que je leur ai présenté l'idée. Vivre en colocation avec eux. Payer un loyer pour mes espaces. Faire des règles avec eux sur la manière de s'adapter dans la maison. Leur proposer une entente déjà réfléchie. Avoir mon intimité et leur laisser la leur.

Ils ont accepté !

Pour eux, il y avait une forme de réconfort dans un tel arrangement. J'étais toute proche « au cas où ». Nous allions partager les repas car le sous-sol n'avait pas de cuisine et, de toute manière, j'étais incapable de me faire à manger. Je n'avais pas assez de forces. J'échappais tous les plats et assiettes les moindrement lourds. Je ne pouvais pas me tenir debout longtemps sans que mon dos et mes jambes lâchent. Physiquement, j'étais devenue une « bonne femme allumette ». Un squelette qui tente de se refaire des chairs, une musculature pour le soutenir. « *T'as juste la peau et les os* », disait ma mère. Ses bons desserts viendraient sûrement à bout de ce problème ! Desserts santé, on s'entend !

Cependant, cela signifiait que l'aide domestique du CLSC allait cesser. En allant vivre dans la maison de mes parents, les besoins changeaient. En outre, ma mère tenait à faire le ménage. Ce sous-sol avait toujours été, quand même, entretenu, car mon père y passait du temps. Il y avait son coin musique et la « chambre à bois ». Dans nos négociations, il fut question du partage de cet espace. Après la signature du bail, on s'est serré la main et tout le monde était bien content !

Que ma mère veuille faire le ménage me tracassait un petit peu, car je ne voulais pas lui donner un surplus de travail. Cependant, elle y tenait et j'avoue que ça « faisait mon affaire ». Il n'y aurait plus d'étrangers dans mes tiroirs et ça, ça me soulageait. Pour ce qui est de « demander » à mes parents, les choses seraient simplifiées. Ils n'auraient qu'une épicerie à faire et ils connaissaient par cœur mes symptômes, ma nutrition, ma médication.

Par contre, je me devais d'être totalement honnête envers eux. Et ce, autant pour mon état de santé physique que pour mon état mental. En tant qu'aidants naturels — si on met de côté le fait qu'ils sont mes parents —, leur but est d'aller vers la guérison. Si le malade ne parle pas, l'aidant naturel peut tenter de deviner, mais la relation est bien plus simple si la communication est bonne entre le malade et l'aidant. Si le moral souffre, l'aidant naturel fait ce qu'il peut mais le malade doit s'aider. Sinon, là, il devient un « fardeau ».

C'est par respect qu'on se doit d'établir une relation de confiance et de collaboration pour faciliter le travail de l'aidant naturel. De cette manière, la culpabilité s'en va, car il y a une entente qui s'établit. Les demandes du malade se doivent d'être raisonnables et se faire dans la bonne humeur. Ainsi, l'aidant naturel donne avec plaisir, sans s'imposer. C'est comme un ange gardien discret toujours présent, mais pas nécessairement dans notre champ de vision.

Beaucoup de malades deviennent aigris, plus particuliè-rement quand les douleurs sont violentes. L'aidant naturel ou l'infirmière agissent toujours avec patience, mais si on les agresse un tant soit peu avec notre humeur, leur travail se complique. Ces gens ont un don. Ils ont la patience. Le malade, lui, perd patience. Mais quand il a vu défiler autant de monde autour de son lit, depuis tant d'années, la patience finit par s'apprendre.

* * *

C'est avec soulagement que j'ai quitté l'appartement rempli de mélancolie que j'habitais depuis un an. Un ami est venu me rendre visite juste avant que je quitte l'endroit pour de bon. « Sors d'ici. Dans cet appartement, on dirait que tu attends la mort », m'a-t-il dit.

Ça voulait tout dire...

Ce fut une décision bénéfique pour tout le monde. Il était temps pour moi d'apprendre à «soigner mon intérieur» dans tous les sens du terme. Fini les piles de linge m'obligeant à faire des acrobaties! Me péter la gueule en pleine nuit parce que je me suis enfargée dans mes traîneries était absolument à éviter. Je devais désormais songer comme un aveugle dans mes appartements. Que tout soit rangé au bon endroit était primordial, sinon mon corps serait celui qui écoperait. Je n'étais pas non plus obligée de donner plus de travail à mes parents. Un peu de respect pour leurs limites, quand même.

Plusieurs de mes meubles sont retournés dans le garage de mon père. On en n'avait pas besoin. Je me suis aménagé un espace coquet et «*chaleureux*», selon les dires de ma maman. La petite chambre s'est transformée en atelier. Comme c'était la pièce la plus éclairée du sous-sol, j'avais une excellente lumière toute la journée.

Les mois suivants furent calmes, sans gros bouleversements. Comme ça faisait du bien! Je pouvais me consacrer uniquement à mon corps. Lui donner le repos nécessaire, vivre sans le stresser constamment, lui permettre «d'écouter pousser les fleurs», le dorloter avec des crèmes parfumées, etc.

Je me suis occupée d'éduquer ceux que je désirais garder dans ma vie. Je faisais des efforts différents pour entretenir ces relations. Je les invitais à me déranger.

— Je ne peux pas aller à vous. Mais j'ai plein de choses à vous jaser et vous me manquez! Osez! Si je ne peux pas vous recevoir, je vous le dis, pas plus compliqué que ça!

Le truc a fonctionné. J'ai commencé à avoir de la visite! Mes parents me laissaient tranquille, heureux de constater que je me créais enfin une vie sociale. Je réapprenais à vivre avec du monde autour de moi. En me levant le matin, l'odeur du café provenait d'en haut. Mon père se levait toujours le premier et préparait du café pour lui et pour moi. C'était devenu une routine de monter lui donner un bisou et lui souhaiter une bonne journée avant de me verser mon café pour retourner en bas, chez moi, et le savourer en silence.

À mesure que le ménage se faisait dans mon moral, il se faisait dans mes espaces. J'ai passé ma vie à « m'éviter ». J'allais m'étourdir ailleurs pour ne pas consacrer du temps à nettoyer mon foyer. Pendant ce temps-là, dans ma tête, la pile de linge sale s'accumulait simultanément à celle de ma chambre. Mais j'y étais tellement habituée que je ne les voyais même plus.

Les choses avaient véritablement changé. J'aimais mes espaces. J'avais le goût de les décorer, de les rendre accueillants, pour moi et pour les autres. Je voulais les garder propres. Pas de traîneries ni de gens toxiques. Tolérance zéro. Même complètement seule chez moi, je voulais un espace confortable, adapté à mon petit quotidien, inspirant pour la créativité.

Mes parents frappaient toujours avant d'entrer dans mes appartements. Je faisais la même chose avec eux. Question d'intimité réciproque. J'étais chez moi, je recevais quand je le voulais ou quand je le pouvais. Mes parents ont encouragé cette prise d'autonomie et ce changement positif dans l'entretien de mon « foyer ». Notre relation a pris une nouvelle tournure. La culpabilité s'est mise à fondre tranquillement. Nous avons véritablement appris à nous connaître autrement. Tout comme j'ai appris à protéger mon espace, à l'entretenir.

Pour que mon corps puisse prendre des forces, il était primordial que je vive au ralenti, majeur que je pile sur mon orgueil quand j'avais besoin d'aide et impératif que je règle les problèmes dès qu'ils se présentaient.

J'ai commencé à réaliser à quel point j'avais vécu en quatrième vitesse. Je ne pouvais même plus imaginer retourner à cette époque. C'était essoufflant rien qu'à y penser.

Ouf...

J'ai vécu sans soucis dans cette maison. J'ai concentré mon énergie à mon corps. J'ai apprivoisé le silence et la tranquillité des lieux. La tranquillité tout court. Je pouvais passer des jours entiers sans voir mes parents. Ils ne me dérangeaient pas. Quand j'avais envie de voir du monde, j'allais frapper en haut.

J'ai rapidement pris goût à cette tranquillité. Mon corps aussi. Mon moral s'est amélioré.

J'ai ressorti mes élastiques pour faire des exercices. Pas à l'excès quand même! Mais je souhaitais travailler ma posture, me renforcer, surtout mon dos afin de compenser pour les tissus abdominaux détruits qui ne pouvaient plus supporter aucun effort. Me lever, me plier, me pencher, soulever une assiette un peu lourde sans l'échapper par terre, tous les petits gestes de la vie quotidienne devaient être pensés à l'avance et pour éviter de les imposer à mon ventre, je devais les diriger ailleurs. Dans les bras, les jambes, les épaules.

Les courts-circuits? Fallait vivre avec. Je ne pouvais pas changer ça. Ça faisait partie des séquelles auxquelles je devais m'adapter. Et, encore une fois, plus il y avait de stress, plus ils étaient fréquents.

Le véritable ennemi à garder loin était le stress ! Un seul déclencheur pour tellement de malaises...

Mon corps demandait une discipline sans faille. Or, mentalement, je devais être capable de m'y consacrer sans songer à d'autres problèmes. Pour y arriver, le travail avec ma psychologue m'aidait grandement. Elle me conseillait de voir la vie comme un classeur à plusieurs tiroirs. Un tiroir à la fois. Un dossier à la fois. Les autres pouvaient attendre. J'avais désormais le luxe du temps ! Pourquoi regarder tous les problèmes en panoramique ? Ils paraissent tellement plus gros que si on les regarde un tiroir à la fois.

Un devant l'autre et un à la fois...

27

Automne 2011

J'avais beaucoup changé.

À commencer par le moral. J'étais presque arrivée à un équilibre satisfaisant. Les idées noires avaient disparu et j'avais cessé de rêver à tous ces poursuivants qui voulaient ma peau. J'ai refait le rêve de la panthère noire à une seule occasion. Cependant, cette fois, je lui ai fait face, je l'ai combattue à mains nues et je lui ai brisée le cou. C'en était fini d'elle aussi. Je ne l'ai plus revue.

On prend vite l'habitude de faire entrer une source de stress dans notre existence et de la supporter comme si de rien n'était, sans réfléchir aux conséquences à long terme. *« Ah ! C'est correct ! Je suis faite forte. Je suis capable d'en prendre. »* Mes épaules pouvaient bien se recourber ! Je leur en ai mis une tonne et une autre sans leur demander leur avis. Après tout, ce corps m'appartenait. Je l'avais même sculpté, développé, presque découpé au burin ! Je le pensais à l'épreuve de tout.

Mais les épreuves étaient bien plus lourdes que la musculature. Même en me croyant parée à toute éventualité, je n'ai pas eu le dernier mot. Et désormais, je devais vivre avec les conséquences de mes gestes. Je devais vivre en protégeant mon corps abîmé comme s'il était devenu une porcelaine précieuse.

Mes repères avaient tous pris le bord! Apprendre à penser à l'envers de ce qu'on a toujours connu n'est pas une chose qui se fait du jour au lendemain. Se réhabituer à ne pas toujours être sur le qui-vive fut un autre défi. Devenir zen demandait du travail.

En thérapie, j'ai fait un bout de chemin avec un nouveau psychologue qui m'a fait dessiner! Quelle meilleure façon pour une artiste de communiquer avec son subconscient? La méthode fonctionne chez les enfants qu'on fait dessiner pour analyser leur comportement, leurs sentiments, les non-dits.

Je crois que ce fut l'expérience la plus révélatrice de toute mon histoire.

J'ai souvent affirmé pour mes proches, ou en entrevue, que je vivais avec un «monstre intérieur», une énergie presque masculine qui me poussait à me dépasser, à aimer vivre sur le «bord d'un précipice». C'était la force qui m'habitait quand je pratiquais des arts martiaux. C'était aussi cette vigueur qui a fait de moi la travaillante que j'étais. Si j'avais pu lui donner forme, je l'aurais vue comme un monstre.

Le psychologue m'a donné comme exercice de mettre ce monstre sur papier avec détails et couleurs.

Je l'ai fait.

Le résultat m'a étonnée! Je n'ai pas trouvé et créé un monstre, mais deux! «Le gros»: rude, rigide, armé jusqu'aux dents, couteaux, sabres, gants cloutés, épaules larges et puissantes, un visage de loup-garou... Et «le petit»: souffreteux, difforme, atrophié, verdâtre, sans visage, un fœtus qu'on aurait pu avorter et jeter aux poubelles, mais qui se serait accroché aux déchets pour survivre malgré tout.

Pourquoi j'ai dessiné ça ? Pour exprimer le déséquilibre qui avait régné dans ma vie. Ma vie professionnelle et sociale était représentée par « le gros ». Tandis que « le petit » était le monstre de ma vie personnelle, celui de la femme, celui qui s'était écrasé dans un coin pour laisser toute la place à l'autre : le puissant !

Cette brisure s'est produite dans la chambre du charlatan...

La femme, la jeune fille, la petite fille, le bébé sont allés se cacher le plus loin possible pour ne plus revivre cette horreur. Le puissant est né et a dirigé toute mon existence.

Deux monstres.

Un déséquilibre profond.

Je pense que le fait d'avoir enfin identifié les deux visages de la source du traumatisme qui me pourrissait l'existence m'a libérée d'un énorme poids. Je traînais ce souvenir comme une croix qu'il faut porter jusqu'à la mort. Je n'avais jamais réalisé à quel point c'était lourd. Quand on a passé sa vie avec une sorte de secret tapi au fond de ses entrailles, on finit par ne plus s'en rendre compte et on fonctionne parce qu'on s'est créé une carapace.

Ou un personnage plus grand que soi pour parer les coups...

Mon psychologue m'a demandé de lui faire un autre dessin, celui-là représentant une fusion des deux monstres. J'ai créé « le gros » transportant dans ses bras « le petit ». « *Deviens ton propre parent, mom...* » Oui. Il était temps de prendre soin de l'enfant en moi. Lui permettre de grandir car, au fond, il était le plus fort des deux. Il s'était accroché pour survivre tandis que l'autre le « siphonnait ». Pour recréer l'équilibre, il était vital de fusionner les deux. Donner de la place à l'enfant et laisser aller le puissant, « *l'envoyer prendre une marche* », comme je disais à mon psy.

J'étais prête à devenir mon propre parent. Après tout, je n'avais plus huit ou quatorze ans ! JE décidais désormais comment mon corps serait touché, soigné. Il était un enfant qui demandait des soins, de l'attention, de la compréhension. Il fallait lui donner priorité sur tout. Mais je n'avais plus besoin de laisser le gros du travail à mes personnages imaginaires ! Symboliques ou pas.

La réalité était que m'occuper de moi se devait d'être un travail à temps plein. Quand j'avais besoin d'une hospitalisation de quelques jours, pour une « alerte infection » ou autre problème de défaillance technique de la machine qu'est mon corps, je le voyais comme un voyage d'affaires ou un contrat à l'extérieur qui me demandait de faire mes valises. Je devais me servir de l'énergie du puissant pour venir à bout de l'épreuve et garder la tête haute au moment de plonger dans le « sale travail ». Ensuite, je rentrais à la maison pour refaire des forces, pour me reposer et pour me laisser aimer. Par mes parents, mon chien, mes amis fidèles, moi-même…

Oui. J'avais vraiment beaucoup changé.

* * *

Novembre.

J'allais avoir cinquante-trois ans.

Mes exercices avaient porté fruits. J'étais beaucoup plus solide et je chambranlais de moins en moins. J'arrivais à faire l'entretien de mes espaces avec davantage de facilité. On n'y pense pas, mais faire un lit demande des mouvements difficiles. Les couvertures ont un poids, on doit se pencher et étirer les muscles du torse.

Quand j'ai réussi à me débrouiller sans l'aide de ma mère, faire mon lit pouvait me prendre vingt minutes. Je devais y aller lentement. Avec le temps, j'y suis arrivée plus rapidement.

C'était ainsi dans toutes les activités que je faisais dans la maison. Réapprendre à bouger, me plier différemment, soulever d'une autre manière, étirer en douceur, etc. Je faisais mes exercices physiques comme on travaille en séance de physiothérapie. Mon entraînement passé m'a grandement aidée. Je savais ce qu'il fallait faire pour améliorer ma capacité de bouger.

Toutefois, je devais rester constante dans mes efforts et ne pas trop pousser. Jour après jour, je parvenais à faire mon lit, plier mon linge, nettoyer ma salle de bain. Pour la douche, je devais me fier sur ma mère, car il m'était impossible de me plier de cette façon sans ressentir de douleurs et faire des dommages à mon ventre.

J'étais beaucoup plus autonome.

Une amie m'a offert d'aller jusqu'à Montréal, si j'en étais capable, et de me ramener chez moi cinq jours plus tard.

J'avais envie de le faire !

Mais pas Montréal. La Rive-Sud pour voir mon plus jeune frère, et pour mon fils. C'était tout. Si j'y allais, et la prudence était de mise, je devais sérieusement respecter mes limites.

Physiquement, je savais que je pouvais fonctionner hors de chez moi, surtout que je n'avais pas à conduire et que je ferais du divan de mon frère mon quartier général.

Autrement dit, je ne sortirais pas, sauf pour aller voir mon fils.

Pour ce qui est des crises de douleur et des « alertes infections », elles pouvaient arriver à tout moment, mais devais-je rester complètement enfermée ? Il me fallait quand même prendre des risques de temps en temps.

J'avais des maux de ventre quand j'ai planifié ce voyage. Je mangeais peu. Cependant, les maux de ventre étaient fréquents et pas toujours graves. En apprenant à écouter les signes, je pouvais détecter une petite crise de quelques jours ou déceler un mal plus sérieux. J'étais habituée aux petites crises de quelques jours. Je pouvais les prévenir ou les calmer avec la nutrition et le repos. Je savais que je me reposerais chez mon frère. Toute sa famille est relax. J'ai consulté mon médecin de famille qui n'a pas refusé que je fasse le voyage, à condition que je fasse très attention à moi.

J'ai donc dit « oui » à cette amie et j'ai accepté son offre.

Tout s'est bien passé. J'ai fait du divan pendant presque tout mon séjour, avec ma « doudou » tricotée, en écrivant mon premier roman fantastique et en rigolant avec ma belle-sœur. Mes douleurs étaient toujours là, sans toutefois augmenter. Je faisais ce qu'il fallait : de la glace, du repos, des calmants si nécessaire. Je mangeais uniquement ce que je digérais. Fruits, céréales, pain, certains légumes cuits et du poulet quand l'estomac ne se révoltait pas.

J'ai passé la journée de mon anniversaire avec mon fils. Nous sommes allés au cinéma et nous avons dîné au restaurant. Une belle journée !

J'ai fait un retour aussi agréable qu'à l'aller.

Une petite escapade bien planifiée qui m'a procuré une douceur énorme !

246

***

La douleur augmentait. Je digérais très mal. Aller aux toilettes devenait une torture. Je devais m'accrocher sur le bord du lavabo tellement la tête me tournait pendant la crise. Parfois, il fallait quelques heures avant que la souffrance ne cesse et me laisse totalement vidée. C'était atroce.

Mon père a souvent été témoin de ces « moments » aux toilettes. Quand j'en sortais, je me traînais jusqu'à mon lit, pâle comme le drap dans lequel j'allais m'envelopper pour cesser de grelotter. Au bout d'un moment, j'en suis arrivée à redouter les toilettes. J'allais bien, tant que je ne m'assoyais pas sur le siège de la cuvette.

Je tombais malade. Nous ne savions pas encore ce qui causait la crise, mais il fallait y voir. J'ai eu peur que mon voyage ait été trop dur pour ma capacité, mais mes médecins m'ont rassurée. Il fallait bien continuer à vivre ! J'étais une malade chronique, on le savait, on faisait notre possible. Le mal qui se présentait était déjà là avant le voyage, et il n'a pas empiré au retour. C'est arrivé un mois plus tard, aux alentours de Noël.

J'ai passé les tests habituels. On n'a rien trouvé. C'est la coloscopie qui a révélé la présence d'un polype douteux. On l'a enlevé et une biopsie a été faite. Le polype avait du cancer. Mais, fort heureusement, je m'en tirais de nouveau sans métastases, et comme le mal était attaqué dès le début, pas de chimiothérapie. Mais je devais me soumettre à un suivi rigoureux.

Une partie de mes douleurs a disparu. En revanche, d'autres m'assaillaient. Je ne mangeais presque plus. Mon estomac rejetait tout. Je maigrissais, je faiblissais, je souffrais. Puis, j'ai commencé à vomir tout ce que j'avalais, même l'eau et ma salive... Vraiment. Je vomissais ma salive.

En revanche, mon moral le prenait plutôt bien. J'avais intégré l'idée que des périodes de maladie seraient fréquentes dans ma vie. Qu'il faudrait alors tout mettre de côté pour me soigner. Éviter une chirurgie était le but visé. Et chaque période de crise n'impliquait pas obligatoirement une chirurgie.

La seule chose à faire était de me détendre, de prendre mes médicaments et de penser à autre chose! Ne pas voir mon mal comme la fin du monde, mais simplement comme une période un peu plus difficile à traverser. Les forces que j'avais accumulées s'affaiblissaient pour un temps.

Puis je refaisais surface. Je me remettais en me disant qu'encore une fois j'avais passé à travers. Et que je passerais le reste de mon existence à passer au travers.

Ma vie était désormais ainsi.

28

— Quoi ? Le « syndrome du côlon court » ? Ah ! Ah ! Ah ! m'esclaffai-je à l'annonce du diagnostic du médecin. Elle est bien bonne !

Après une balade en ambulance, à vomir dans des petits sacs, une civière dans le corridor d'une urgence bondée de monde, les obscénités criées par une pauvre femme sous l'effet d'une substance quelconque, le « syndrome du côlon court » a sonné comme une bonne blague même si je savais le médecin sérieux et désireux de bien m'informer sur mon état.

— Laissez-moi vous expliquer un mécanisme naturel et tout simple du corps humain. Un intestin en santé a des dizaines de pieds. Quand une partie travaille, une autre se repose et ceci jusqu'à la « porte de sortie ».

J'ignore si c'était l'effet des calmants qu'on m'avait administrés un peu plus tôt, mais décidément, ce médecin était drôle. Je n'arrêtais pas de pouffer. Il reprit son explication.

— Il ne vous reste que deux pieds d'intestin. Voilà ce qu'on appelle un « côlon court ». Contrairement à l'intestin normal, le vôtre travaille tout le temps, sans chance de repos. Ajoutez à ça les cicatrices des multiples chirurgies, les adhérences qui étouffent et vous avez un deux pieds de côlon très vaillant mais avec ses limites. On peut se compter chanceux qu'il fonctionne encore sans sac de « stomie ». Regardez ici sur la radiographie, à deux endroits, l'intestin est étiré et rétréci. À la sortie de l'estomac, là où vous avez tendance à bloquer, et l'autre endroit est en bas, dans ce qui forme un coude. Les infections viennent souvent de là. Vous me suivez ?

— Oui, oui, je vous suis. La leçon est très instructive, docteur !

— J'aime votre attitude, madame. Vous prenez les choses du bon côté. Bon, continuons. En ce moment, votre intestin est fatigué, enflammé et réclame du repos. Votre système digestif est en train de paralyser à cause de votre côlon rebelle.

— Est-ce la raison des douleurs terribles que j'ai à la sortie des toilettes ? Parfois, j'ai l'impression que je vais m'évanouir.

— Oui. Votre intestin s'étire pour laisser passer son contenu, cependant, il ne se referme pas après le passage des selles. La douleur vient de là. Tant que l'intestin n'a pas repris sa forme normale, il est comme un organe forcé de rester ouvert avec des forceps. Ça doit être extrêmement souffrant.

— Oh oui ! Épouvantable...

— Vous ne digérez plus, car votre intestin exige du repos. Ça ne s'opère pas. Dans votre cas, c'est presque une bonne nouvelle. Votre chirurgien est formel : pas de chirurgie à moins d'y être obligé. La mauvaise nouvelle est que ça ne se guérit pas non plus. C'est une situation chronique avec ses bonnes périodes et ses mauvaises. Vous faites une grave crise présentement. Elle peut durer des semaines encore, voire des mois. C'est une acceptation et une adaptation à faire dans votre quotidien.

Il prit un temps d'arrêt en voyant que je ne pouffais plus. J'avais les larmes aux yeux.

— Madame Bergeron, j'ai lu dans votre dossier que vous avez souhaité mourir il n'y a pas si longtemps. Eh bien, vous avez aujourd'hui un choix à faire. Si vous souhaitez toujours mourir, vous en avez l'occasion! Vous êtes bien partie. Vous ne vous nourrissez plus et vous êtes complètement déshydratée. Ce ne serait pas bien long pour vous que de crever de faim. Mais si vous désirez vivre, il y a un lourd travail qui vous attend. Ce ne sera pas facile, croyez-moi. Il vous faudra de la persévérance, de la discipline et une bonne dose de détermination et d'amour de la vie. De votre vie. De celle que vous vivez maintenant et dont le futur n'est pas bien rose. Mais avant de m'embarquer dans toute l'explication, je dois savoir. Quel est votre choix? Vous voulez vivre ou vous voulez mourir?

Je me suis effondrée au pied du médecin en déversant un torrent de larmes suffisant pour laver le plancher de la salle. Vivre ou mourir? Bizarre quand le choix nous est offert à quel point on questionne vraiment notre existence. Quand on sait qu'on n'a aucun geste à commettre à part celui de ne rien faire, la trouille nous prend. En tout cas, c'est ce que j'ai ressenti.

J'aurais été proche de mon but...

Mais mon but n'était plus de mourir. L'obligation soudaine de prendre une décision a réveillé la guerrière spirituelle. Elle allait se battre pour une noble cause: ma survie.

Je ne pouvais pas aller plus bas.

La seule solution était de remonter.

J'ai pris une grande respiration et je me suis écriée:

— JE VEUX VIVRE!

Le médecin m'a aidée à me relever pour que je m'assoie sur la civière.

— Bien! Mais je vous avertis, ce ne sera pas de tout repos. Vous avez de grandes douleurs devant vous, des crises de toutes sortes, graves ou moins graves, une discipline de nutrition qui sera très compliquée et surtout vous devez apprendre à voir venir les signes. Ainsi, vous pouvez éviter de descendre trop bas avant de réagir. Vous devrez, dès maintenant, prendre une médication pour contrôler la douleur chronique. Selon la façon dont vous y réagirez, on pourra ajuster la dose. Mais ça vous rendra somnolente. Cependant, je ne crois pas que la somnolence soit un problème pour vous, puisque vous êtes une jeune retraitée qui n'a plus besoin d'être alerte au travail!

Rien qu'à penser au travail, j'en ai eu la nausée.

Un problème de moins!

Fiou…

Bon. Il fallait se retrousser les manches maintenant. Choisir de vivre imposait des responsabilités. Je voulais les prendre. Je voulais un quotidien simple et heureux malgré les soins que j'aurais à apporter à ma carcasse « maganée ». Oui. Mon choix était fait et j'en prendrais la responsabilité.

— Il faut tout d'abord vous hydrater avant de vous laisser retourner chez vous. Ensuite, nous devrons établir un plan de travail pour la réhabilitation de votre système digestif. Ça peut prendre des mois avant que vous ne puissiez vous nourrir convenablement. Il faudra tout réapprendre, comme un bébé qui commence à manger du solide. Il faut introduire chaque nouvel aliment en toute petite quantité, voir comment le système le prend. Si vous le rejetez, on passe à un autre appel. Vous l'essayerez de nouveau plus tard. Si vous le rejetez encore, on l'oublie.

Vous allez respecter ces intolérances avant de vous rendre trop malade. Ça peut aussi arriver qu'un aliment soit toléré et que plus tard, ça ne fonctionne plus. Le contraire est aussi possible. Commencez aux purées quand vous serez prête. D'ici là, il ne faut pas vous affaiblir encore davantage. Cependant, vous avez connu pire. Vous pouvez arriver à vous construire un quotidien satisfaisant.

— Ok. Ok… Je fais quoi dans l'immédiat?

— Je vais vous prescrire un substitut de repas. Ça ressemble à l'«Ensure», mais la comparaison s'arrête là. Vous ne pouvez pas subsister uniquement sur l'«Ensure», mais vous pouvez avec ce que je vais vous prescrire. Vous avez été «gavée» plus d'une fois, à l'hôpital. Ce que vous aurez à prendre est ce qu'on vous donne pour vous nourrir par la «voie centrale». Ce produit est déjà prédigéré. Ça va donner le temps nécessaire à votre système digestif pour se remettre en état de fonctionner. Prenez une gorgée à la fois. Donnez le temps à votre corps de s'habituer.

— Bon… je serai comme un bébé qui va boire son lait jusqu'à sa première bouchée de «Pablum».

— Le Pablum est excellent pour vous! Ah! Je tiens à vous dire que si vous entendez la phrase: «mais y en a qui sont pires que nous», oubliez-la vite! Personne n'est pire que vous. Croire une telle chose est banaliser votre état. De plus, entendre ce genre de propos affecte sérieusement le moral. Ceux qui vous diront ça n'ont pas connu votre calvaire. Ne les écoutez pas. N'écoutez que vous-même. Quand on souffre, il ne faut pas penser aux autres, il faut penser à soi.

* * *

J'étais amaigrie, affaiblie, les jambes flageolantes, les yeux aussi cernés que ceux d'un raton laveur. Toujours étourdie, nauséeuse, avec les effets secondaires des nouveaux médicaments. Il a fallu environ deux semaines avant que les douleurs diminuent. Je sortais de mon lit uniquement pour mes besoins. Le reste du temps, je dormais ou j'écrivais.

Peindre était devenu trop difficile.

Mon psychologue m'a demandé de lui pondre une histoire imaginaire. De me jeter dedans à fond pour oublier tout le reste et quitter un peu ma réalité, me donner un break. Je me suis donc lancée dans l'écriture d'une trilogie fantastique. Au départ, j'ignorais que mon intrigue exigerait autant de pages !

Quand j'ai débuté, je n'écrivais pas dans le but de publier. J'avais besoin de m'évader. Pas de fuir ! Une évasion par l'esprit. J'ai toujours eu des milliers d'histoires dans ma tête. Si je faisais le compte de tous les personnages qui y vivent depuis mon enfance, j'aurais des centaines de romans ! J'ai pigé dans le tas et j'ai sorti une histoire avec laquelle je vivais depuis l'épisode du charlatan. Il y en a de bien plus anciennes. Sur mon premier album, la chanson *Comme un grand* a été écrite quand j'avais huit ans. Lorsque je l'ai enregistrée, je n'ai changé aucune parole.

Avec le luxe du temps, je pouvais enfin sortir quelques histoires du grenier de mon cerveau et leur donner la parole.

Je pense que j'ai écrit le premier tome de quatre cent soixante-dix pages en trois mois. Je n'arrêtais que pour dormir et pour prendre les petites gorgées de mon nectar. J'ai voyagé pendant des jours grâce à Internet et à la bibliothèque. Merveilleux Internet ! Pas besoin de billet pour s'envoler ! Ça ne remplace pas les véritables voyages, bien évidemment. Cependant, combien de portes s'ouvrent pour nous faire découvrir le monde ! J'en ai profité pour faire voyager mes personnages à des endroits où je n'ai pas eu la chance d'aller. Le Pérou, le Sahara, etc. Des endroits que j'aurais tant souhaité visiter, mais qui ne me semblaient désormais accessibles que par l'esprit.

Je m'en suis nourrie avec gourmandise ! Mon corps pouvait bien refuser toute nourriture, mon imaginaire, lui, avait une faim insatiable de savoir, de créer, d'apprendre.

Je me suis rendu compte qu'auparavant, lorsque je vivais seule, je ne peignais plus juste pour le plaisir de peindre. Je le faisais pour tromper mon ennui. Pour remplir ce temps que je considérais comme vide. Pour m'empêcher de tourner en rond et de raser les comptoirs. J'avais perdu le goût d'écrire. C'était un « melting pot » dans ma tête. Tout se mélangeait dans un fouillis comparable à ma pile de linge. Même lire était devenu difficile. La concentration n'était tout simplement plus là.

Mais heureusement, ce n'était plus le cas.

J'avais pris le contrôle de mon imaginaire et du reste de mes pensées. J'étais désormais capable d'en faire la différence et j'arrivais à ne plus les laisser se mêler. Ça faisait du bien ! La torpeur et les idées embrouillées par la maladie n'avaient rien à voir avec mes anciens traumatismes.

Je ne laissais pas par exprès la pile de linge dans le milieu de la place. Je devais juste attendre d'être un peu plus en forme pour ranger.

Mon corps a eu besoin de quatre mois pour se décider à prendre sa première cuillerée de nourriture solide. Inutile de vous décrire ma maigreur. J'ai sûrement perdu une bonne trentaine de livres dans le temps de le dire ! J'en avais déjà pas épais sur le squelette. J'ai dit à une dame rencontrée à l'hôpital que j'avais perdu une trentaine de livres en deux mois à peine. Elle m'a répondu :

— Bravo ! Mais bravo ! Comment avez-vous fait ?

— Mon système digestif est paralysé.

— Oh… excusez-moi ! Je pensais que vous aviez fait une diète. Mais vous êtes gravement malade alors !

— Disons qu'une diète aurait été préférable à ce que je vis. Mais vous savez, maigrir n'est pas toujours voulu…

Non, je n'avais pas voulu ça. Qui voudrait ça ? J'étais devenue une bien pâle image de la femme que j'avais été physiquement au temps de ma gloire !

Pas grave.

L'image pâle que je voyais dans le miroir était la mienne. Ma « vraie image ». Dépouillée de tous ses artifices. Et je me suis trouvée belle. Je me suis trouvée courageuse et déterminée. J'ai compris à quel point j'aimais la vie. Et je n'avais plus aucun doute. J'allais passer à travers.

Ce que je vivais n'avait rien à voir avec la convalescence d'une chirurgie. J'ignorais le temps qu'il faudrait pour me remettre. Mais ça n'avait plus d'importance. Pendant que mon corps souffrait, je soignais mon moral. Je cultivais des petites graines de joie en blaguant avec mes parents ou les amis qui me rendaient visite. J'adorais les faire rire. J'ai peut-être raté une carrière d'humoriste !

Ma mère m'appelait son « petit soleil ». Elle disait que je me contentais de tellement peu pour sourire. Mes parents ont toujours affirmé que j'étais facile à vivre, et que j'étais généreuse avec les « merci ». Quoi ! Ils le méritaient ! On ne dit jamais assez merci. Tout comme on ne dit jamais assez de « je t'aime ». Et puis, quand on a besoin des autres, la moindre des choses est de leur démontrer notre reconnaissance.

Je ne me sentais plus comme un fardeau. J'étais aimée, en sécurité, dorlotée, apaisée, écoutée, comprise. La culpabilité avait disparu. Je commençais véritablement à accepter mon état de santé. J'ai également changé d'attitude face au mal que j'avais. Si j'aimais mon corps, si j'aimais mon esprit, si j'aimais la femme que j'étais devenue, alors je pouvais aimer ma maladie. Je pouvais m'aimer, même malade. Pourquoi passer tant de mois à détester ce qui se passait en moi ? Une vraie perte de temps !

Les médecins se sont prononcés : pas de guérison possible. Il n'y en aura jamais. C'est la façon dont j'allais vivre ma vie qui m'apporterait une autre forme de guérison.

Une qualité de vie.

Je ne demandais rien d'autre.

Je ne souhaitais rien d'autre.

Un après-midi, trop faible pour me rendre chez mon psychologue, j'ai annulé mon rendez-vous. Ma mère est venue me rejoindre, s'est assise sur le bord de mon lit et m'a annoncé qu'elle aimerait bien le remplacer pour cette fois. Histoire de comprendre comment ça marche dans le bureau d'un psy. Elle était mignonne dans sa blouse blanche ! J'ai embarqué dans le jeu. Ma mère a toujours eu une bonne écoute.

Nous avons eu une excellente séance ! Ce qui fut spécial dans ce moment avec ma mère est que, justement, j'ai oublié qu'elle était ma mère. Je lui ai confié mes états d'âme, mes peurs, mon désir de « bouffer » la vie. Fallait bien que je me nourrisse ! Mon système digestif était en grève, alors je voulais me gaver de tous les petits moments précieux comme celui que nous partagions ce jour-là, elle et moi. Le plus drôle est que si elle ne m'avait pas approchée de cette manière, je ne lui aurais pas parlé comme je venais de le faire.

* * *

Mon nectar me permettait de subsister, mais pas plus. Ce n'était pas avec ça que j'allais prendre un peu de poids. Ni des forces. J'étais vraiment fragile et si je devais sortir, il fallait que je sois prudente, car j'étais loin d'être solide sur mes pattes. Mes chevilles ont toujours été fragiles. Les arts martiaux m'ont aidé à les renforcer, mais il reste que c'est un point faible de mon corps.

J'en ai eu la preuve par une belle journée d'hiver. J'étais allée faire des tests à l'hôpital et ensuite je souhaitais rendre visite à mon amie. J'ai glissé sur une petite plaque de glace et je me suis fait une belle entorse ! À ce point, je me suis demandé s'il y avait un petit message de l'univers qui m'était envoyé. *Tu peux tomber à tout moment, la mère ! Ne l'oublie jamais. Tu es une porcelaine. Une belle et fragile porcelaine. Ta priorité est de tout faire pour ne pas casser…*

Deux mois sur les béquilles… Mon moral a eu un petit choc et j'ai connu une période de désarroi. J'étais alors vraiment clouée au lit jusqu'à ce que la patte guérisse et que je puisse recommencer à manger pour prendre des forces.

Une amie de Montréal que je connais depuis le début de ma vingtaine est venue passer quelques jours avec moi. Comme nous avons ri à nous rappeler des anecdotes du temps où je faisais les bars gays ! Je me suis retrouvée à écrire avec elle à mes côtés comme au bon vieux temps. Elle m'est arrivée avec des textes dont je ne soupçonnais même plus l'existence ! Avec les originaux en plus !

Récupérer ces trésors m'a enfin permis d'arrêter de pleurer les piles de feuilles de musique parties en fumée. J'ai eu l'impression de me reconnecter avec l'artiste que j'ai toujours été. Mes feuilles de musique ne représentaient pas véritablement mon talent. Car je n'ai pas écrit de musique, ou si peu. Peut-être trois ou quatre chansons dont j'avais créé les mélodies en collaboration avec un musicien. Mais les textes m'ont surprise ! Il fallait quelqu'un de mon passé pour me les ramener dans le présent.

* * *

Comme je l'ai écrit plus tôt, mon système digestif a demandé quatre mois avant de recommencer à fonctionner. J'avais presque perdu le souvenir de ce que c'était que d'avoir faim. Ce fut la fête quand j'ai réussi à ingurgiter une cuillerée de patates pilées sans la rejeter ! Comme j'ai aimé le goût !

Je dois vous avouer que pour une gourmande, une amoureuse de la bonne bouffe, une épicurienne comme moi, ne plus pouvoir manger est un deuil difficile à faire. Je dois constamment dire non. Aux autres et à moi-même. C'est là que je réalise à quel point la sévère discipline d'entraînement physique que je me suis imposée pendant des années porte ses fruits. Je suis capable de résister à mes envies de tricher afin d'atteindre mon objectif.

Après la cuillerée de patates pilées, il y a eu le Pablum. Ensuite, le pain frais que mon père boulangeait deux fois par semaine. Les bouillons et purées de pommes suivirent. Mais ça n'arriva pas rapidement. Mon corps exigeait de la patience.

J'ai vraiment eu à tout réapprendre sur le plan nutritif.

Mon entorse a mis du temps à guérir.

En apprenant à respecter le rythme que m'imposait mon corps, j'apprenais la patience.

J'ai perdu la notion du temps. Quel jour on était? Quelle heure? Quel mois? Quelle saison? Je m'en foutais. Mais l'été, sur la terrasse que j'aimais tant, est arrivé et j'y passais mes journées.

Cette longue période fut un temps de réflexion intérieure, de deuils obligatoires, de moments précieux avec des gens qui me consacraient du temps, un temps de résilience.

Un temps pour « écouter pousser les fleurs »...

Je devenais zen.

Fini le goût de combattre.

— La guerrière spirituelle n'a plus besoin de se battre à mains nues, me disait mon maître de karaté. Tout se passe dans l'attitude mentale. Aime ton ennemi. Respecte-le dans sa force et sa persévérance. Apprends à le connaître. Ainsi tu verras également ses faiblesses. Et les tiennes! Car tu es ton propre ennemi. Chaque humain mène un combat. Si ta vie est un champ de bataille, c'est que tu n'acceptes pas ta nature. Le jour où tu tomberas, car tout humain peut tomber, tu te relèveras et tu comprendras le sens véritable de la mission de la guerrière spirituelle.

Je crois que je commençais à comprendre. Depuis plus de dix ans, je passais mon temps à tomber et à me relever. Se battre contre la maladie, ça va si on est le vainqueur et qu'on sait qu'une guérison nous attend. Mais lorsqu'il n'y a pas de guérison et qu'il nous reste juste assez d'énergie pour vivre notre petit quotidien, on ne supporte plus qu'il y ait trop de remous et de perturbations. On ne souhaite que la paix dans notre espace. On construit au lieu de combattre. On évite les situations stressantes, on ne supporte plus de se compliquer la vie, et on travaille à tenir éloigné ce qui peut venir péter notre bulle et nous déséquilibrer.

On devient protecteur de ce qui nous tient à cœur, on se soigne avec amour et on n'écoute plus les autres.

Faut être un peu égoïste. On se choisit avant tout le reste. On se crée une forteresse intérieure qu'on défend comme une mère protège son petit. On devient son propre parent. Et l'envie de combattre s'en va. Plus on est fragile, plus la forteresse devient imprenable, impénétrable.

Cependant, il faut y travailler. Pour garder la paix dans son petit royaume, il faut tenir tête, affronter les opinions négatives de ceux qui pensent qu'on s'enfonce parce qu'on accepte, qu'on se résigne et qu'on manque de courage. Et comme nous sommes à fleur de peau avec nos émotions, ces paroles peuvent nous atteindre, nous causer du chagrin ou de la colère et nous empêcher d'avancer dans la douceur.

On se bouche les oreilles.

J'ai bien retenu la phrase de mon médecin : « *Il faut absolument cesser de penser qu'il y a pire que nous.* » Lorsqu'on passe proche de la mort à tout bout de champ, on ne veut pas savoir qu'il y a pire que soi ! On veut s'occuper de soi et que les autres s'occupent de leurs affaires. Oh, il m'arrive souvent de me dire que ma situation pourrait être pire. J'ai mes bras, mes jambes, ma tête. Mais je n'ai plus de ventre. Et le ventre, c'est la vie. Tout passe par le ventre. De la naissance à la mort. Être handicapée du ventre avec toutes les séquelles qui s'ensuivent comporte une adaptation aussi difficile que pour celui ou celle qui perd ses jambes ou ses bras. La différence est qu'il n'y a pas de prothèses pour remplacer le ventre.

Personne n'est dans notre peau.

Personne ne connaît nos souffrances.

Personne ne vit notre quotidien.

C'est ainsi qu'on arrive à se construire un abri agréable dans lequel n'entrent que ceux qu'on choisit.

La guerrière spirituelle protège son territoire.

* * *

Été 2014

J'arrivais désormais à manger un repas, au souper, et une collation en soirée. Le matin, il me fallait mon nectar. Mon estomac ne voulait rien d'autre. Mais parfois, pendant plusieurs jours, je ne pouvais rien avaler.

Il suffisait de prendre les choses une à la fois. Un dossier à la fois. Un tiroir à la fois. On est incapable de bouffer? On relaxe pour ne pas gaspiller notre énergie inutilement.

On devient zen…

J'apprenais à connaître mes douleurs. Je les apprivoisais. Quand il faut vivre avec, autant s'en accommoder et ne pas s'en faire des ennemies. Je notais mes symptômes dans un cahier ainsi que les changements à apporter pour les calmer. Parfois, c'était la faute d'un aliment. Une petite graine de tomate ou de kiwi peut se loger dans la partie rétrécie et causer de l'inflammation ou une de ces fameuses infections.

Mais lorsque de nouvelles douleurs font leur apparition, il faut absolument ouvrir l'œil. Ne rien prendre à la légère, genre : *Ah! Ça doit juste être une gastro. Tu t'énerves pour rien.* Chaque fois que je suis allée à l'urgence avec des symptômes de gastro, j'étais hospitalisée, toujours pour autre chose de bien plus grave! J'en fais pas, des gastros! J'ai l'air d'avoir été immunisée contre.

Raison de plus pour ne pas écouter ceux qui minimisent nos symptômes. Comme si un mal de ventre n'avait pas la même importance qu'une blessure ouverte ou un mal de dents.

Quand notre corps nous parle, il a toujours le dernier mot.

* * *

Je voyais vieillir mes parents. Ils venaient tous deux d'avoir quatre-vingts ans. Ils étaient encore en forme et actifs, cependant ils perdaient des capacités et je devais absolument le constater. Habituellement, ce sont les enfants devenus adultes qui prennent soin des parents, et non le contraire! Je connaissais leurs bobos autant qu'ils connaissaient les miens. Si je ne voulais pas les voir dépérir trop vite en devenant une trop lourde responsabilité, il était inévitable que je me prépare.

Nous en parlions. Pour moi, autant que pour eux, une séparation serait difficile car l'attachement était vraiment profond. Pour eux, il y avait l'inquiétude de ne pas me savoir prête à vivre seule. Pour moi, il y avait la détermination de ne pas sombrer dans la solitude comme auparavant.

Avec mon psychologue, j'ai travaillé cette « préparation ». J'ai fait des démarches pour m'assurer d'avoir l'aide nécessaire au moment où je déménagerais. Avec l'aide des intervenants du CLSC, j'ai préparé sans trop stresser mon éventuel départ de la maison de mes parents.

Il était temps de couper le cordon ombilical. Faire mon baluchon et prendre ma nouvelle route de vie. Seule comme une grande fille…

Mais, au détour, un imprévu m'attendait qui allait bousculer les événements et les décisions.

* * *

Milieu juin 2014

L'apparition de nouvelles douleurs.

Sans trop m'alarmer, comme à l'habitude, j'ai noté leur évolution. Elles arrivaient surtout quand je mangeais, comme une grosse crampe sur le côté droit. Mon estomac me faisait mal. Ça me rappelait les ulcères causés par une bactérie, que j'avais soignés plusieurs fois.

Mon transit intestinal est devenu irrégulier. Hmmmm… Si je sautais plus de trois jours, c'était l'ambulance sans hésitation. Je n'en étais pas encore là, mais l'irrégularité était mauvais signe.

Mon appétit diminuait encore et les nausées se faisaient fréquentes.

Il se préparait quelque chose.

Deux semaines venaient de se passer dans la douleur grandissante et le malaise interne général. J'avais besoin de glace pour atténuer la souffrance tandis que ma digestion, elle, se perturbait davantage chaque fois que j'ingérais quelque chose. Même mon nectar me causait des brûlements.

J'ai appelé mon médecin qui m'a donné rendez-vous dans la semaine. J'étais rassurée, je n'aurais pas trop à attendre. Hélas, encore une fois, j'ai sous-estimé le caractère vicieux de ma maladie, et jamais de n'aurais pu imaginer la violence de l'attaque que j'allais subir.

Elle a frappé fort…

***

Début juillet 2014.

Une douleur fulgurante m'a traversée de bord en bord. Un peu plus et je m'étranglais avec la bouchée de poulet que je mâchais. Pour en rajouter, je me suis mordu la langue.

Ça, ce n'était pas normal.

La crampe s'est atténuée et j'ai terminé mon repas au ralenti, soudainement prise de fatigue. Comme j'étais bien installée sur ma chaise longue, j'ai posé mon assiette et j'ai tenté de dormir un peu. Mais pas longtemps. Le malaise m'a reprise et j'ai songé au rendez-vous avec mon médecin que je trouvais soudainement trop loin. Quelque chose n'allait pas du tout et je n'étais pas sûre de pouvoir attendre.

Je n'ai rien dit à mes parents pour ne pas les alarmer. Je suis restée à l'écart, de plus en plus souffrante, me disant que si les vomissements commençaient, il faudrait appeler l'ambulance.

J'étais déchirée. Je savais ma mère dans une période fragile. Sa tension artérielle atteignait des sommets dangereux. Mon père avait des étourdissements et faisait de l'angine de poitrine. Je m'inquiétais pour eux. Je ne me voyais pas leur imposer à nouveau tout le stress qui vient avec une attaque.

En soirée, les crampes ont diminué de violence et j'ai cru pendant quelques heures que tout allait rentrer dans l'ordre.

Jusqu'à ce que je décide d'aller me coucher.

Ça faisait tellement mal que je ne savais plus comment me placer dans mon lit pour arriver à m'endormir. Recroquevillée en fœtus, je ressemblais à la petite créature verte et souffrante que j'avais dessinée pour mon psychologue. Je pensais pouvoir m'endormir et j'espérais qu'au réveil tout irait mieux. Après deux heures à rouler dans les draps, cherchant une position qui serait confortable, je me suis demandé comment on pouvait s'endormir avec une telle douleur !

Les reflux gastriques ont débuté. Oh merde ! Ça voulait dire que les vomissements n'étaient pas loin. Il était minuit et le silence régnait dans la maison. Mes parents avaient eu une grosse journée et je ne voulais pas les réveiller. J'ai attendu la suite, inquiète, affrontant spasmes après convulsions. J'ai vomi. J'ai ressenti un soulagement, ce qui m'a fait croire que finalement ce n'était peut-être qu'une indigestion, et je me suis immédiatement endormie.

Deux heures plus tard, je me suis réveillée dans mon vomi, aux prises avec des douleurs tellement violentes que je n'arrivais plus à me tenir debout pour me rendre aux toilettes. Je me souviens de m'être traînée sur le plancher pour atteindre la salle de bain, me vidant en chemin. Je claquais des dents.

C'était une expérience épouvantable.

À cinq heures du matin, mon père est descendu après avoir entendu des bruits inhabituels provenant de chez moi. Il m'a trouvée dans ma chaise le teint cireux, le souffle court, le corps tremblant, les lèvres craquelées.

— Papa, il faut appeler l'ambulance.

— Mais depuis combien de temps es-tu comme ça ? me demanda-t-il avec une franche inquiétude.

— Depuis hier soir… Mais les choses ont dégénéré vers deux heures du matin.

— Je m'en doutais, hier soir, que tu ne filais pas. J'ai pas osé te déranger. Bon. Je vais avertir ta mère, on va t'aider à te laver, t'habiller, faire une valise et on va appeler l'ambulance.

***

Je n'ai jamais fait de balade en ambulance plus désagréable que celle-là. Je vomissais sans arrêt et j'étais brûlante de fièvre. Ma tension artérielle changeait de façon drastique en quelques secondes et je pensais que la tête allait m'éclater. Je souffrais le martyre dans mon abdomen.

À mon arrivée à l'hôpital, les choses ont été très rapides. J'ai été installée dans une salle de l'urgence et on m'a vue presque immédiatement. Ça urgeait. Les nausées n'arrêtaient plus. Je vomissais ma salive.

« Ti-boutte » était sorti de son trou et dardait sa tête sous la peau de ce qui restait de mon nombril. Ce qu'on redoutait le plus arrivait : une « occlusion totale » et une « hernie étranglée ». Pas besoin de faire un paquet de tests pour reconnaître les signes ! Les signes me sortaient du ventre...

La première étape fut de m'installer le « *levin* ». Le tube que ma cloison nasale a en horreur, mais quand il faut, il faut ! C'était la seule et unique façon de faire cesser les nausées et les vomissements. Le tube refusait de passer, il ressortait par la gorge avec la nausée suivante. Ma mère expliqua alors aux infirmières et au médecin que j'avais la cloison du nez déviée. Et que d'habitude il fallait une anesthésie pour installer le tube.

À peine cinq minutes plus tard, l'infirmière est arrivée avec une bouteille d'anesthésiant local qu'elle a introduite dans mon nez. Le truc a marché ! Le tube est passé sans accroc et s'est rendu directement à l'estomac. On allait enfin pouvoir me soulager. Une injection de morphine et du Gravol dans mon soluté et je me suis endormie, enfin apaisée.

268

J'ai été réveillée par une voix connue. Mon médecin de famille! Il était de garde à l'urgence ce soir-là. J'étais tellement contente de constater qu'il était celui qui devait s'occuper de moi! Il connaissait mon cas par cœur. J'ai été hospitalisée et je suis montée à l'étage le soir même.

Tout le personnel était bien content de me revoir! Malgré les circonstances qui me ramenaient toujours dans leur département, on avait appris à travailler ensemble pendant toutes ces années. De nombreuses infirmières, les plus anciennes, étaient toujours là et formaient des plus jeunes. Plusieurs stagiaires m'ont soignée. J'étais une patiente facile et je restais zen. Surtout quand le personnel était insuffisant et que l'infirmière qui nous a dit bonjour à six heures du matin était la même qui nous avait dit bonsoir à minuit...

J'ai vécu trois jours de souffrances, connectée de nouveau à mes tubes. On espérait seulement que « ti-boutte » se décide à retourner de lui-même à l'intérieur. Le danger flottait au-dessus de mon ventre. Et une réalité à explorer encore plus profondément. Trois jours où j'ai prié pour garder une attitude positive. Dans ma situation, dans l'attente que le corps se décide, il faut continuer à aimer, à rire, à espérer.

L'ami qui m'avait un jour dit que « j'attendais ma mort » est venu me rendre visite, la troisième journée. J'étais au plus bas. Je flottais dans les vapes de la morphine et j'ai cru que ma dernière heure arrivait pour vrai. Mais je souriais. Je souriais à ma famille, à mes amis, à mes soignants.

Je souriais.

Parce que si ma dernière heure était vraiment arrivée, je voulais partir sereine.

Parce que j'étais prête à assumer ce qui allait arriver, peu importe l'issue.

Parce que j'étais bien dans mon corps souffrant.

— Ma belle Jano, me dit mon ami en prenant ma main avec vivacité, je ne t'ai jamais vue aussi basse. Mais je ne t'ai jamais vue aussi belle! Si sereine! Tes yeux brillent d'un éclat nouveau...

— C'est étrange à quel point je me sens en paix. Je ne sais pas si c'est causé par les médicaments.

— Oh non! Ma belle. C'est toi. C'est ta force intérieure qui s'affirme. Tu peux mourir de ce qui te frappe présentement. Mais tu ne mourras pas. Pas cette fois.

— Pas cette fois...

— Non, pas cette fois! Mais il est évident que tu ne peux pas faire encore beaucoup de crises comme celle-là sans y laisser ta peau.

— J'y songe.

— Écoute-moi bien, il va se passer un miracle. Tu ne seras pas opérée, car tout va reprendre sa place. Tu n'es pas tuable! Dieu t'aime...

* * *

Au quatrième matin, je me sentais mieux. Mon ventre semblait plus souple. Je ne voyais plus la tête de ti-boutte. La chirurgienne assistante de mon Samurai s'était occupée de moi. Le scanner fait dans l'avant-midi révéla un retour à la normale dans mon ventre! Pas besoin d'opérer!

J'avais encore passé à travers.

Une fois les tubes enlevés et la nutrition débutée, on remonte vite la pente. Toutefois, avant de quitter l'hôpital, il était nécessaire d'avoir une conversation franche avec mes parents et mes médecins. Cet épisode fut si soudain qu'ils en ont été ébranlés. Ils m'ont avoué ne plus être capables de vivre ce genre d'émotions trop intenses pour leur santé à eux. Je comprenais tout à fait. Car moi aussi, j'avais reçu un gros signal d'alarme. Et il n'était pas question que je leur fasse vivre un tel choc de nouveau.

Je n'étais pas belle à voir, dans cette chambre. Pour un parent, c'est épouvantable. Pour un parent âgé, ça peut causer sa mort. La dernière chose que je voulais était de tuer mes parents d'inquiétude.

J'étais prête. J'allais me remettre de cette crise et déménager.

Et lorsque j'aurais l'impression de me perdre, je songerais à la route de vie que je dois construire. En frayant moi-même mon chemin, je sèmerais des repères.

Mes repères.

Par contre, j'étais consciente d'avoir besoin d'aide pour cette entreprise. « Déléguer » à plus grand que soi...

Avoir foi en soi.

Avoir foi en plus grand que soi.

Ce fut ma dernière crise... avant la publication de ce livre.

Épilogue

Décembre 1997
Désert de Judée

Massada : Forteresse et palais que le roi Hérode le Grand a fait construire avant la naissance du Christ, non loin de la mer Morte où j'étais allée un peu plus tôt cueillir des petits cailloux à rapporter en souvenir. J'ai grimpé sur la plus haute pierre d'un rempart pour y admirer l'océan doré qui s'étendait à l'infini. Tout en bas, il y avait les ruines d'une ancienne ville romaine : Césarée.

Et moi, sur mon promontoire de fortune à peine assez grand pour loger mes deux pieds, je me suis mise à pleurer. J'étais on ne peut plus près du précipice et je me questionnais : pourquoi ? Quel était ce besoin d'affronter le danger, ou même de le provoquer ? N'était-ce pas ce que je faisais debout sur ma roche ? Et pourquoi ces larmes ?

La beauté du paysage, bien que terne si on le compare avec une oasis, me coupait le souffle. Combien de milliards et de milliards de grains de sable dans ce qui m'entourait ? Et moi, qu'est-ce que je faisais là ? Qu'est-ce que je cherchais ? Qu'est-ce que j'espérais ? Que le ciel s'ouvre et m'envoie des anges ? Qu'un buisson ardent m'appelle ?

Rien de tout cela. Je cherchais seulement ma raison de vivre. J'ai toujours dit que j'ai choisi de chanter parce que c'était une solution facile pour moi. Or, solution facile ou pas, je cherchais la raison pour laquelle je chantais. La gloire, la célébrité, les spectacles et le public en délire, je n'avais pas vraiment cherché ça. Et à force de répéter la même chanson pendant tant d'années, j'ai été obligée de m'interroger sur le pourquoi de ce talent et de ce que je faisais avec.

Je n'étais pas heureuse à simplement divertir les gens. J'avais besoin de me sentir en « mission ». Leur bonheur ne me suffisait pas. J'avais besoin de mon bonheur à moi et je bûchais tellement pour y parvenir et pourtant, je demeurais debout sur une roche qui aurait donné le vertige à n'importe qui, sauf à moi qui n'ai jamais pu supporter le trac, mais qui regardais en bas du précipice sans aucune inquiétude.

J'ai ouvert grand les bras, j'ai respiré un bon coup et j'ai crié: Hey! L'univers! Dieu! Et tous les saints en haut, qu'est-ce que vous voulez de moi? Pourquoi m'avoir emmenée jusqu'ici? Qu'est-ce que je dois comprendre? QUI SUIS-JE?

La seule réponse fut celle du vent qui souleva une vague de sable.

J'ai alors fermé les yeux et j'ai décidé de lancer mon appel en chantant. Je n'ai même pas eu à choisir la mélodie qui est sortie de ma bouche: la chanson thème du film BAGDAD CAFÉ: Calling you. Son refrain est comme un long cri à l'aide.

— I…….am caaaaaaaaalling you. I know you hear me[1].

Le vent s'est levé et a emporté au loin le son de ma voix. C'était comme si j'avais lancé une balle de notes et qu'elle filait à toute vitesse. Soudain, la balle de notes a

---

1 Je t'appelle… Je sais que tu m'entends.

274

fait boomerang et j'ai entendu ma propre voix qui chantait au-dessus des collines, enveloppant les dunes, s'envolant dans le vent pour redescendre tourbillonner autour de moi.

Le désert chantait! Le désert chantait avec ma voix! Quelle révélation! Je n'étais donc qu'un grain de sable faisant partie de la mer d'or, je n'étais qu'une voix qu'attrapaient au vol les montagnes. Je faisais partie du désert. J'étais le désert.

Je faisais partie de l'univers. Et quand je chantais, l'univers chantait avec moi. Je devenais la voix de l'univers. Voilà pourquoi j'étais là ce jour-là, sur cette pierre. Pour faire un tout avec l'univers grâce à mon talent...

* * *

Aujourd'hui

Il m'arrive encore de rêver de ce voyage et de ce moment en particulier. Quand je semble oublier pourquoi j'ai fait ce que j'ai fait de ma vie, je me revois sur mon promontoire, vibrer toute entière en chantant mes questionnements au désert.

Cependant, est-on jamais libre de ses questionnements? Peut-on passer toute une vie sans jamais la questionner? Je félicite ceux qui y parviennent, mais je ne suis pas de ceux-là. Autrefois, je questionnais, car je doutais. Aujourd'hui, je questionne par soif de savoir, par désir d'avancer et d'aller jusqu'au fond des choses.

Et je questionne pour identifier et éliminer ce qui peut me troubler ou ce qui ne fait carrément pas mon affaire. Je questionne pour apprendre à connaître les gens. Je questionne pour ne plus m'égarer.

Ai-je des réponses ? Des révélations ? Des signes ? Oui, j'en ai. Mais ils n'arrivent pas apportés par des anges sonnant les trompettes ! Je dois creuser un peu pour les entendre, mais pas tant que ça. Il suffit d'écouter toutes les petites voix intérieures qui nous veulent du bien. Et surtout, croire en l'impossible. Je ne dis pas de se jeter dans l'impossible ! Mais une petite dose de magie ne fait jamais de tort ! Pour qu'il y ait de la magie dans notre vie, il faut jaser avec l'enfant en nous, avec celui qui n'oublie pas de jouer et de rire même lorsqu'il souffre.

Si ça fait de moi une illuminée, alors c'est ainsi. Je préfère passer pour telle plutôt que pour une artiste frustrée, aigrie et éteinte. Ce qui n'est tellement pas le cas ! Ah ! Ah ! Ah ! Je préfère passer pour le « petit soleil » de ma mère que pour une grande artiste mise sur les tablettes qui tente de tout reprendre comme avant.

Je n'ai rien contre ceux qui ressortent leurs anciens succès, mais pour ma part, c'est impossible. J'ai besoin d'avancer. J'ai encore du temps. J'ai le luxe du temps, même si je n'en connais pas la durée. Comme l'affirmait mon ami, je ne peux pas me permettre de faire bien des crises dans le genre de la dernière sans finir par y laisser ma peau.

Et ça, c'est ma réalité. C'est mon quotidien. Et j'ai vraiment appris à m'aimer et à m'accepter avec mes invalidités, mes courts-circuits, mon caractère de combattante, qui en fin de compte se calme sérieusement le pompon. Disons « combattante zen ». Ça me rappelle une chronique de Marcia Pilote à l'émission *Qu'est-ce qu'on attend pour être heureux*. Elle a montré une photo de l'endroit où s'entassent pêle-mêle les bottes de sa famille. « *Moi, j'ai pas le temps de méditer dans une grotte comme Ghandi pour devenir zen. Je suis mère de famille. Alors, je m'arrange pour être zen même en regardant le bordel total dans ma maison.* »

J'apprends à vivre et à fonctionner avec une épée de Damoclès au-dessus de ma tête. Elle est là, j'en suis consciente. Mais je ne passe pas mon temps à regarder dans sa direction, sinon je ne verrais que le mauvais. Et pourtant, il y a tant et tant encore à vivre, à rire, à voir, à écrire, à peindre, à créer, à aimer... Je ne dis pas chanter, car j'ai dû en faire mon deuil. Pas de ventre, pas de chanteuse. Faut savoir tirer sa révérence avant d'avoir un coup de pied au cul. Et mon cul est si fragile qu'il vaut mieux que je comprenne autrement.

* * *

Comme cadeau pour l'année 2015, ma famille et mes amis m'ont déménagée! Je vis maintenant seule, en paix, très heureuse, libre de toute attache, sans dettes, et sans comptes à rendre à qui que ce soit! À part mes médecins, on s'entend. Et je suis prête. La solitude ne m'effraie plus. Je m'occupe à des choses que j'adore, je profite des petits bonheurs que je touche au quotidien et je referme ma main après les avoir attrapés pour qu'ils durent plus longtemps.

Et j'ai foi en plus grand que moi.

Quand je songe au rêve de l'homme en noir qui m'apportait une boîte d'armes de toutes sortes, mais surtout des sabres et des couteaux... Il disait que c'était des outils dont j'aurais besoin pour ma « mission ». Le psychiatre ne me l'avait pas envoyé dire quand il a affirmé que les couteaux n'étaient pas destinés à être plantés dans mon cœur...

Il avait raison, puisque c'est dans mon ventre qu'on en a besoin. Avoir foi en plus grand que soi, c'est avoir foi en mon chirurgien Samurai lorsqu'il manie ces armes pour me sauver la vie. Je peux bien lui déléguer ce travail et ces outils, moi je n'en ai plus besoin et je ne sais pas m'en servir...

Avoir foi en plus grand que soi, c'est accepter que la vie peut nous amener dans une direction qu'on n'aurait jamais pu imaginer. On peut avoir foi en Dieu, en Bouddha, en Mahomet, en Raël, etc. Comme on peut avoir foi en la vie, foi en ceux qui nous démontrent qu'on est une priorité.

Avoir la foi et croire sont deux choses distinctes. On peut croire au père Noël. Mais a-t-on foi au père Noël? J'ai une foi inébranlable en la vie. En la magie de la vie. En la grandeur de la vie. Et j'ai foi en moi. Parce que j'ai fait mes preuves et parce qu'il y a plus grand que moi, en moi...

Pour ma nouvelle route de vie, j'ai besoin de plus grand que moi pour m'aider. L'aide d'en bas est impossible. En bas, c'est le néant. Donc, j'ai choisi des petits anges hélicoptères qui transporteraient le bois et la corde que j'ai tressée avec ma laine pour construire le pont qui va me permettre de me rendre de l'autre côté du ravin. Une construction par le haut. Mon ingénieur est un menuisier du nom de Jésus. Il paraîtrait que le gars fait des miracles avec pas grand-chose. Comme j'ai fait une pénible promenade de Pâques en sa compagnie, même si l'expérience était loin d'être amusante, il m'en doit une pour la construction de ma route! Quand je l'inviterai, la promenade sera beaucoup plus agréable!

Dans ma cuisinette soleil, face au lac Saint-Jean, je souris aux surprises que l'univers peut nous envoyer. Ceci n'est que le début de mes écrits. Il y en aura d'autres, je vous en fais la promesse !

Pour ma peinture, de merveilleuses choses m'arrivent. Le prêtre que j'avais rencontré sur le bateau de croisière m'a fait exécuter plusieurs tableaux pour son ordre religieux. Je lui ai fait saint Michel en ange gladiateur. Ensuite, deux tableaux représentant Jean de Matha, le fondateur de l'ordre en question.

Il se trouve que ces tableaux ont été vus à Rome et que mes images font le tour du monde !

On m'a tellement dit : « Dieu t'aime. Il veut encore quelque chose de toi. ». S'il m'aime, pourquoi pas ? Je suis aimable. Il veut quelque chose de moi ? Je l'ignore. Mais ça n'a plus d'importance. Ce qui compte, c'est ce que JE veux de moi.

Un jour à la fois.

Une heure à la fois

Une minute à la fois.

Je n'ai pas les réponses aux questions que j'ai lancées à l'univers sur mon promontoire de Massada. Je n'en ai plus besoin.

Voilà où se termine mon récit.

Voilà où commence ma nouvelle vie.

Jano
Mars 2015

Remerciements

En prenant possession de l'appartement dans lequel j'ai écrit ce récit, j'ai trouvé dans la remise... un sabre samurai ! Il est maintenant installé sur mon mur. Quelle merveilleuse façon de terminer ce livre ! Je remercie donc l'ancien locataire d'avoir laissé cet objet on ne peut plus symbolique.

Alors que je refusais catégoriquement d'écrire sur moi-même, il y a une jeune femme qui a trouvé les mots non seulement pour me convaincre, mais pour me donner le goût de le faire. Cette jeune femme est *Marie-Claude Savard*. Ancienne chroniqueuse sportive devenue animatrice qui a fait fondre une barrière de glace en moi.

Un grand merci à *François Hamel*, journaliste, pour m'avoir mise en contact avec les Éditions La Semaine. À *Annie Tonneau* pour sa grande confiance et pour la liberté d'expression qu'elle m'a laissée. *Pierre Hugues Richard* pour sa collaboration et ses corrections et suggestions. Dans ce genre d'histoire, trouver mes propres mots fut absolument thérapeutique. J'ai eu peur en débutant, ne faisant que pleurer. Mais au bout d'une vingtaine de pages, le sourire m'est revenu. Car, *je suis passée à travers !*

Évidemment, mes médecins et tous les soignants qui vont et viennent dans mon quotidien. Leur soutien dans cette aventure fut primordial.

Ma famille que je ne remercierai jamais assez...

Et vous, mes nouveaux lecteurs! Vous êtes toujours là pour moi, même si je me suis enfermée dans ma bulle. Votre respect, votre patience, votre amour, m'ont donné envie de cesser de me cacher et de vous raconter ce qui m'est arrivé et ce qui continue de m'arriver, afin de répondre à vos questions. À travers cela, j'ai répondu à beaucoup des miennes!

Merci à tous de me lire...

Jano

MARQUIS

Québec, Canada

Achevé d'imprimer au Canada.